人文社会科学通识文丛 | 总主编◎廖 进

关于**考古学**的100个故事

100 Stories of Archaeology

李永毅◎编著

南京大学出版社

图书在版编目(CIP)数据

关于考古学的 100 个故事 / 李永毅编著. —南京:南京大学出版社,2009.6(2016.1 重印)
(人文社会科学通识文丛 / 廖进总主编)
ISBN 978-7-305-06175-2

Ⅰ.关… Ⅱ.李… Ⅲ.考古学—青少年读物 Ⅳ.K85-49

中国版本图书馆 CIP 数据核字(2009)第 086828 号

本书由北京红蚂蚁文化发展有限公司授权独家出版中文简体字版

出版者	南京大学出版社		
社　址	南京市汉口路 22 号	邮编	210093
网　址	http://www.NjupCo.com		
出版人	左　健		

丛　书　名　人文社会科学通识文丛
总　主　编　廖　进
书　　名　关于考古学的 100 个故事
编　　著　李永毅
责任编辑　陈　樱　杨金荣　　　编辑热线　025-83686029
责任校对　张平凤　李海霞

照　　排　南京南琳图文制作有限公司
印　　刷　南京紫藤制版印务中心
开　　本　787×960　1/16　印张 19.75　字数 290 千
版　　次　2009 年 6 月第 1 版　2016 年 1 月第 4 次印刷
ISBN 978-7-305-06175-2
定　　价　32.00 元

发行热线　025-83594756
电子邮箱　sales@NjupCo.com(销售部)
　　　　　press@NjupCo.com

* 版权所有,侵权必究
* 凡购买南大版图书,如有印装质量问题,请与所购图书销售部门联系调换

《人文社会科学通识文丛》编审委员会

主　　　任 廖　进
成　　　员（按姓氏笔画为序）

　　　　　　王月清　王宜民　左　健　叶南客
　　　　　　汤继荣　刘　祎　沈卫中　杨金荣
　　　　　　杨崇祥　李祖坤　吴颖文　张建民
　　　　　　陈　刚　陈晓明　金鑫荣　赵宁乐
　　　　　　高志罡　董　雷　潘文瑜　潘时常

文丛总主编 廖　进
策 划 执 行 吴颖文

将过去呈现给未来

地球存在有46亿年了,人类在地球上生活已经有200万年,但人类文明开始发展仅仅是1万年前的事,而有文字记载的文明只有五千年。物转星移,在这漫长的岁月中,有多少的生命消亡,有多少的故事湮灭。

历史在不安和骚动中前进,随着一个个王朝的更替,随着一代代人的消亡,多少往事烟消云散,口耳相传的故事在岁月中渐渐变形,曾经鲜活的生命在时间的长河里悄悄黯淡。当你在故纸堆中翻找着曾经的真相,你会惊讶地发现,这些历史已经因一代代君主和文人的好恶被修改得面目全非。它们是巩固统治的工具,它们是谄媚奉迎的宣言,它们是涂脂抹粉的修饰,它们的真容藏匿在层层的包裹之下。

难怪胡适说:"历史是一个任人打扮的小姑娘。"那么,我们要到哪里去找寻真实的过往?面对着虚无缥缈如未来一般的过去,谁能向我们重现曾经的真相?

幸好,我们还有考古学。你可曾想过,也许就在你的脚底下,埋藏着沉睡千年的秘密。也许人会撒谎、会虚伪、会作假,但有些东西不会,石头不会,树木不会,静静地躺在墓穴里的陪葬品不会,废墟中长埋千年的雕像也不会。

前言

有了考古学，你就会发现，原来它们也会讲话。这尊雕像在告诉你："我是埃及艳后克丽奥佩特拉的祭司。"那个头盖骨在倾诉："我是50万年前艰难生存的北京猿人"，还有那不起眼的一块墙砖骄傲地说："我是古老的特洛伊城墙，见证过海伦那惊世的容颜。"别怀疑，它们不会作伪、不会欺骗，只安静地等待在那里，等待你来仔细聆听它讲述的历史。

西拉姆在《神祇·坟墓·学者》一书里说，考古学可以"让干涸的泉源恢复喷涌，让被人忘却的东西为人理解，让死去的转世还魂，让历史的长河重新流淌……"可以说，考古是将过去呈现给未来的伟大事业。所以，我们只是想呈现给你——属于未来的你，属于过去那古老岁月中独有的辉煌与灿烂。

不要对艰深拗口的专业词汇望而却步，这里没有枯燥乏味的资料，没有面目呆板的论文，有的只是100个神奇而曲折的故事。我们会为你拨开历史层层的迷雾，重现往昔那神奇的岁月。

目录

第一编　考古学概述

被掩埋的庞贝——现代考古学起源	2
文克尔曼的坚持——现代考古学定义	5
破译楔形文字——考古学简史	8
伍利的坚持——考古学原则	11
发现诺亚方舟——考古研究对象	14
阿拉伯的劳伦斯——遗迹研究	17
耶稣裹尸布——遗物	20
万年前的石斧——旧石器时代	23
奇怪的石头——新石器时代	25
饕餮铜尊——青铜器时代	28
仰韶文化遗址——考古学文化	31
殷墟层层探历史——考古学文化层	34
金石情缘李清照——中国古代考古	37
水下神殿——古雕像研究	40
科潘金字塔下的墓地——墓葬	43
佩特拉灭亡之谜——贝冢	46
古老的圣经泥版——楔形文字	49
普里阿摩斯财宝——文物	52
冰人奥兹——木乃伊	55
红色处女军——宝藏	58
陶碑证实赫梯文明——地层学原理	61
陶器整理——类型学作用	64

第二编　考古学方法

牧场主滥采废墟——发掘方法	68
惠勒发掘少女城堡——方格	72

埃及艳后的皇宫——水下考古　　　　　　　　　　74
加迪夫巨人——文物鉴定　　　　　　　　　　　77
皮尔当人骗局——鉴定要求　　　　　　　　　　81
博塔发掘尼尼微——记录　　　　　　　　　　　84
行伍中的画家——考古测绘　　　　　　　　　　87
复活节岛上的秘密——碳-14年代测法　　　　　90
修道院里的福音经文——摄影记录　　　　　　　93
盗墓传家宝——洛阳铲　　　　　　　　　　　　95
圣井中的祭品——潜水技术　　　　　　　　　　97
皮亚奇神甫的奇妙手法——文物保护　　　　　　100
消失的吾巴尔——遥感　　　　　　　　　　　　102
神秘损坏的瓷器——室内整理　　　　　　　　　105
千载佳人现原貌——X射线　　　　　　　　　　108
破译玛雅文字——文字释读　　　　　　　　　　111
自家后院的宝藏——考古探测　　　　　　　　　114
考古少侠——拓片　　　　　　　　　　　　　　117

第三编　考古学分支及相关学科

考古第一女性——田野考古学　　　　　　　　　122
纳斯卡高原上的巨画——航空考古学　　　　　　125
高原奇观——考古天文学　　　　　　　　　　　128
尼罗河上的漫游——埃及学　　　　　　　　　　131
波尼托村落的木梁——树轮年代学　　　　　　　134
打捞水底沉船——水下考古学　　　　　　　　　136
穿越两千年的完美音色——音乐考古学　　　　　138
史前的西斯廷教堂——美术考古学　　　　　　　141
刻着秘密的石头——铭刻学　　　　　　　　　　144
解剖马王堆女尸——科技考古学　　　　　　　　147

目录

瓦罐中的圣经——宗教考古学　　　　　　　　　　150
重现古老造纸术——纸草学　　　　　　　　　　　153
一枚独一无二的镍币——古钱学　　　　　　　　　156
水下居巢国——环境考古学　　　　　　　　　　　159
只属于女人的文字——古文字学　　　　　　　　　162
埃及艳后的签名——文物鉴定学　　　　　　　　　165
巨大的牙齿——古生物学　　　　　　　　　　　　168
地质学之父——考古与地质学　　　　　　　　　　171
头骨上的伤痕——动物学　　　　　　　　　　　　173
千年莲藕忽化水——考古与植物学　　　　　　　　176

第四编　中国考古发现

从牙齿到头骨——周口店遗址　　　　　　　　　　180
丢失的头盖骨——北京猿人　　　　　　　　　　　183
变色的稻谷——河姆渡遗址　　　　　　　　　　　186
寻找南少林——南少林寺遗址　　　　　　　　　　189
患病求医识龙骨——甲骨文　　　　　　　　　　　192
半个蚕茧——西阴村遗址　　　　　　　　　　　　195
闪烁的蓝色火焰——马王堆遗址　　　　　　　　　198
千口棺材的墓地——楼兰　　　　　　　　　　　　200
三尺青锋剑犹寒——越王勾践剑　　　　　　　　　203
孤奇怪异蜀文明——三星堆　　　　　　　　　　　206
斯坦因盗宝敦煌——莫高窟　　　　　　　　　　　210
地下的黑瓦人头——兵马俑　　　　　　　　　　　214
佛祖舍利现真身——法门寺　　　　　　　　　　　217
何处去寻古杭州——良渚遗址　　　　　　　　　　220
熠熠中华第一龙——红山玉龙　　　　　　　　　　223
牛河梁下积石冢——红山文化　　　　　　　　　　226

不可靠近的海域——"南海一号" 229
精绝古城探迷踪——尼雅遗址 231

第五编　国外考古发现

从梦想走向现实——特洛伊古城 236
遍地黄金的古都——迈锡尼 239
消失的陆地——亚特兰蒂斯 242
印章背后的历史——迈诺斯文明 245
第一座女性发掘的古城——哥尔尼亚 249
捕蝶人密林探幽——吴哥古都 252
填补空白的探险——津巴布韦 255
矗立空中的花园——巴比伦古城 258
藏在高山上的废墟——马丘·比丘 261
玛雅文明的最后领地——科潘 264
阿拉伯禁地——佩特拉 267
偷偷发掘的秘境——亚述王宫 271
无所事事的发现——苏美尔 274
伍利推算历史——吾珥古城 277
刻在石柱上的法律——汉谟拉比法典 280
安纳托利亚高地上的废墟——赫梯人 283
死人之丘——摩亨佐·达罗城遗址 286
痴迷绘画的德农——古埃及 289
城墙倒塌之谜——耶利哥城 292
永不熄灭的灯火——古墓长明灯 295
千年前的血腥屠杀——丹漠洞遗址 298
最后一次发掘出的奇迹——图坦卡门陵墓 301

第一编

考古学概述

被掩埋的庞贝——
现代考古学起源

很久以来,世界各地的人们都不同程度地有搜集古物的爱好,在西方,人们把这种搜集活动称为古器物学。从17世纪开始,在欧洲,一些人在搜集古物的同时还进行有目的的发掘和研究工作,于是人们就将这种活动取名为考古学,以区别古器物学。

维苏威火山位于风景如画的意大利西南海岸线。公元前6世纪,希腊移民在山下建立了一座小镇——庞贝,这座城镇属于库美城邦管辖,3个世纪后,庞贝归属罗马人,并逐渐发展成为拥有两三万人口的大都市。经过数百年的发展,庞贝城背山面海,商铺林立,经济发达,城内建筑豪华,是当时非常有名的商业城。

可是,公元79年8月24日,一场巨大的灾难从天而降。这天午后,庞贝城居民一如既往地生活在安定祥和之中,丝毫没有预料到危险在即。突然间,一直处于"休眠"状态的维苏威火山爆发了。震耳的爆炸声中,火山口喷出滚滚浓烟和燃烧的岩浆,岩浆夹杂着石块和灰尘向山下的庞贝城冲去。顷刻间,只见天昏地暗,地动山摇,那不勒斯海湾咆哮着,很快就将庞贝城吞没了。

庞贝城就这样消失了,从此它成为了一个故事,人们一代代述说着、想象着,却无人知道它究竟是传说还是真实。

时光如梭,一千多年过去了,那不勒斯海湾几经易主,建立过多个王国。18

世纪30年代,查理王子成为新一代那不勒斯的主人和国王。

查理登基后,那不勒斯王国经常发生这样的事情:很多人在维苏威火山脚下发现雕塑的碎片、断裂的石碑,甚至还有人发现过金币等等。这些现象引起了一个人的兴趣,她就是那不勒斯王后。王后非常喜欢雕刻艺术,她一直都从世界各地购置雕塑安置在王宫后花园里,还请了不少雕塑艺术家为她雕刻精美的艺术品。如今,在自己国土内发现了这么多雕塑的碎片,她当然觉得十分好奇,于是,王后向国王提出了请求,请国王下旨对维苏威火山山脚进行大规模发掘活动。

国王答应了王后的请求,命令有关官员组织人马对维苏威火山脚下进行考察发掘。官员受命后,带领当地农民开始了施工挖掘工作。这天,阳光灿烂,微风和煦,农民们挥锹挖土,工作得正带劲,忽然听到铁锹碰到了什么金属物,发出"当啷"的声响。他们心下一惊,急忙翻开泥土,立即被眼前的景象惊呆了:泥土中露出了金光闪闪的东西。

"金币!这么多金币!"人们惊喜交加,加快了挖掘速度。

发现金币的消息不胫而走,很快传遍了整个那不勒斯岛屿。更多人来到这里寻找金银财宝。这些人不但挖掘出了金币,还挖掘出了陶器、雕塑以及书写着文字的石刻、石碑。终于有一天,人们挖掘出了一块石头,上面赫然写着"庞贝"字样,这时他们才恍然大悟,原来,这里就是传说中的庞贝古城遗址!

古城遗址的发现给国王和王后带来巨大惊喜,他们派遣更多的人员去发掘,去考察,从而掀开了现代考古学序幕。

考古学的产生源远流长,但到近代才发展成为一门科学。17世纪,考古学是指对古物和古迹的研究;17~18世纪,一般是指对含有美术价值的古物和古迹的研究;到了 19 世纪,才泛指对一切古物和古迹的研究。

  一开始,考古学并没有形成一定的理论系统,而是比较松散、个人化的活动,活动大多以寻求宝物为目的,由于缺乏科学的方法,发掘工作破坏性很大。直到那不勒斯王后出于对雕刻艺术的爱好而提议的庞贝古城发掘活动,才开启了现代考古学的真正大门,在庞贝古城发掘热潮中,涌现出了很多考古学者,其中文克尔曼作为一代考古大师,经过艰苦努力提出了一套完整、严密的方法论和理论知识,从而确定了现代考古学涵义。

文克尔曼(1717~1768 年),出生于普鲁士小镇史丹达,在庞贝古城的发掘过程中,连续出版了《古代美术史》、《未经发表的古物》等书,提出了现代考古学理论和方法,是现代考古学之父。

文克尔曼的坚持——
现代考古学定义

考古学是根据古代人类透过各种活动遗留下来的实物，以研究人类古代社会历史的一门科学，是历史科学的一个组成部分。

庞贝古城的发掘震动了世界，吸引了众多的专家学者，无论诗人还是科学家，他们都对此投以了巨大的热情，全世界都在关注着公元1世纪时罗马帝国统治下的繁华世界。

在所有关注庞贝古城的人中，有一个人叫文克尔曼，他是个出生于普鲁士小镇史丹达的穷苦鞋匠的儿子。文克尔曼从小就对古物遗迹产生了浓厚的兴趣，尽管他家境贫寒，没有钱财购买文物，他依然痴迷古物，并利用一切机会找寻古代墓葬，还动员小伙伴们帮助自己发掘古物。经过持续不断的努力，他取得了一些成就，并结识了不少志同道合的朋友。1755年，他出版了《希腊雕像绘画沉思录》一书，在欧洲引起热烈回响。

也是在这个时候，庞贝古城的发掘工作如火如荼，烧遍了欧洲考古界，文克尔曼怎能不心动神往？他朝思暮想，希望能亲临发掘现场，一睹庞贝古城的丰采。1758年，他成为梵蒂冈枢机主教亚尔巴尼古物收藏品的管理员。这一身份对他来说，简直就是天赐良机，他立即赶往庞贝古城前去考察。

可是，当文克尔曼来到了那不勒斯后，他看到了令人心疼的场景。由于当时考古学刚刚萌芽，国王和王后在这方面知识欠缺，他们无法了解文物的真正

价值。而负责发掘工作的人员根本不懂考古的意义，不过想借机发一笔横财，他们关心的只是黄金、首饰、珠宝。整个发掘工作极其糟糕，进展缓慢。

然而，面对这种状况，文克尔曼却无力帮忙，因为当局采取了保密措施，禁止任何外来人员访问这座古城。所以，他只好留在图书馆里观看那些发掘出土的珍贵文物。

在这个过程中，文克尔曼一面从事研究工作，一面寻找机会，争取能到发掘现场获取第一手资料。有一次，文克尔曼听说出土了几件表现性行为的雕像和绘画，这让他大为惊喜。他知道，这些东西是文献数据中没有的，但可以更为全面清楚地表现古希腊人的日常生活和宗教信仰等综合文化状况，对于古代文化研究具有极其珍贵的价值。因此，他决定贿赂监工，到现场亲眼观看出土珍品。

可是，文克尔曼的计划落空了。那不勒斯国王听说出土了表现性行为的文物，大为震惊，他认为这是有伤风化的东西，必须立即封存起来，不许世人观看。于是，这些新出土的珍品还没有来得及重现天日，又被封入库中，无缘露面了。

文克尔曼得知这个消息后，十分难过，他知道这对于自己的研究来说是莫大的损失。他发表了关于庞贝古城的文章，向世人描绘出土的各种古代文物、自己的所见所闻以及当局的种种错误做法。他指出，按照现在的速度和方法发掘，再过几百年也无法完成庞贝城的发掘任务。这些激烈的言辞触怒了当局，为他的研究工作带来更大不便。

尽管阻遏重重，文克尔曼还是坚持研究和考察。1763年，他出任了罗马市

文克尔曼的坚持——现代考古学定义

区及周围地区的古文物总监,从而得以接触到庞贝古城及附近的海格利尼姆的文物,依靠这些研究,1764年,他出版了《古代美术史》一书。书中他将各种文物做了统一整理,其中很多都是当时人们认为下流或者没有价值的东西,透过整理,他向人们提出了这样的观点:古代艺术品是古代文化的体现,应该以发展的眼光看待古代艺术品,探索古代艺术品的真实涵义。他的这一研究体系在欧洲引起轰动,而这本书更被认为是现代考古学的奠基之作。

现代考古学包含史前考古学、历史考古学和田野考古学等分支,并与自然科学、技术科学领域内的许多学科以及人文、社会科学领域内的其它学科有着密切的关系。

作为历史学的分支,考古学研究的范围是古代,各国考古学都有它们的年代下限,例如,英国考古学的年代下限为诺曼人的入侵(1066年),法国考古学的年代下限为加洛林王朝的覆灭(987年),美洲各国考古学的年代下限为C·哥伦布(约1451~1506年)发现新大陆(1492年),中国考古学的年代下限可以定在明朝的灭亡(1644年)。

让·弗朗索瓦·商博良(1790~1832年),法国历史学家、语言学家,第一位识破古埃及象形文字结构并破译罗塞塔石碑的学者。主要著作有《埃及语语法》、《埃及语词典》、《象形文字入门》、《埃及万神殿》等。

破译楔形文字——考古学简史

近代考古学简史分为萌芽期、形成期、成熟期、发展期和继续发展期。

1756年,丹麦人卡什登·尼伯到达了古波斯首都玻塞玻利斯(今伊朗境内),发现了楔形碑文,并把它们带回了欧洲。1808年,英国外交官克劳蒂·詹姆·利奇任美索不达米亚的领事代表,他对古代史和遗迹也极感兴趣,就任期间开始了广泛考古活动,收集了不少楔形文字陶碑,并出版了有关巴比伦的论文。后来,这些陶碑被大英博物馆购买,引起了不少学者的兴趣,他们埋头钻研,试图破译这种古老的文字,但均无功而返,而最终破译楔形文字的人,却是一位退伍军人。

此人名叫享利·罗林逊,曾经从事体育运动。1835年,他退伍后来到了波斯小镇比里斯屯,在此期间,他听说附近有石刻碑文,颇觉好奇,就跟随当地人去看了看。结果,他发现了一个巨大的摩崖石刻,高达340英尺,雄伟壮观,令人震惊。

罗林逊站在石刻下面,仔细辨认上面的画像和文字,碑文记载了古波斯国王达林斯准备惩罚那些造反的诸侯的故事,上面有人物像,下方用3种楔形文字记载着故事内容。罗林逊默默地观望着,忽然想到,这些年来人们不是一直在议论研究此地的楔形文字吗?这块石刻上的文字可能就是解读楔形文字的关键。于是,他连忙找来纸抄写石刻碑文。

然而,石刻太高大了,而且处于悬崖边上,危险重重。为了能够抄写完整的碑文，罗林逊只好找来梯子、绳索，冒着生命危险攀附在狭窄的壁架上，艰难地抄写着。即便如此，由于他体形高大，有些地方还是无法到达，不能完整地抄写下来。

面对这样的困难，罗林逊想来想去，有了主意。这天，他找到当地一个男孩，对他说："你愿意帮我抄写石刻上的文字吗？我可以付给你钱。"男孩早就听说他抄写石刻文字的事，现在他要自己帮忙，而且还付给钱，就高兴地答应下来。

罗林逊带着男孩来到石刻下，指导他如何抄写文字后，就用绳子绑住他，把他吊上了悬崖顶端。男孩身形灵巧，动作机敏，抄写起来果然方便得多。

从此，罗林逊每天带领男孩来到石刻下抄写文字。经过不断努力，他们终于抄完了所有文字。这时，罗林逊也荣升为驻巴格达的领事，他带着抄写的文字到达驻地，开始了深入的研究工作。

驻地处于沙漠之中，酷暑难耐，为了能够静下心来搞研究，罗林逊发明了人造瀑布。他每日坐在瀑布之下研读3种楔形文字。不久，他就翻译出了古波斯文。几年后，他又成功地突破了巴比伦语，并于1851年出版了石刻文字的译文。

译文发表后，美索不达米亚的考古学大大地向前推进了一步。在罗林逊研究的基础上，1869年，法国学者朱勒·奥仆特宣称第3种楔形文字起源于美索不达米亚南部的苏美尔地区，后来又由包括伊拉米特人和巴比伦人在内的民族继承使用。至此，学者们一致认定，苏美尔文是已知的最古老的文字语言，是楔形文字的基础。

楔形文字的破译是考古史上重要的事件,同一时期内,伴随着"三期论"的提出,以及各种考古理论和方法的不断进步,考古学从萌芽状态进入到成形时期。

近代考古学分为萌芽期、形成期、成熟期、发展期和继续发展期。萌芽期约从1760到1840年,这一时期内重要的考古事件就是庞贝古城的发现,以及文克尔曼的著作发表。从1840～1867年,进入考古学形成期,"三期论"的提出使考古学终于发展成为一门严谨的科学。1866年在瑞士召开了第一次"人类学和史前考古学国际会议",这成为近代考古学形成的重要标志。从1867～1918年,考古学的研究出现了空前的兴盛局面,出现了类型学的发展和史前考古学的系统化,自然科学的方法被应用,田野调查发掘工作开始科学化,近代考古学从欧洲、北非、西亚普及到东亚和美洲,因此这一时期是考古学成熟期。从1918～1950年,考古学的发展进入了一个新的时期,不仅有更多的考古新发现,在理论和方法方面有了发展和提高,考古工作在地域上进一步扩大,成为世界范围的考古学,这是考古学的发展期。从1950年以后,考古学进入了一个新的发展期,其特点基本上是前一时期各个特点的继续发展。

安特生(1874～1960年),瑞典地质学家,考古学家。先后发现了周口店和仰韶文化遗址,使得严谨的西方考古学正式在中国的土地上落地生根,被称为"一位中国考古学的创世纪的拓荒者"。

伍利的坚持——考古学原则

考古工作者在发掘时，必须恪守地层学的原则，使用各种技术和手段，从错综复杂的层位关系中将居住址的历史井然有序地揭露出来，而不致发生错乱或颠倒。

在美索不达米亚平原的考古活动中，有一个人是首先要被提及的，他就是发现了吾珥的列奥纳德·伍利。伍利是英国考古学家，1922年，他开始在伊拉克南部发掘一座大型古墓。这座古墓高达60英尺，位于伊拉克南部距幼发拉底河12英里处。早在1854年，英国人泰勒就在这里挖掘出了一些雕刻有楔形文字符号的圆筒状陶瓷器皿。后来，楔形文字专家罗林逊解读了这些文字，确认这个坟堆就是吾珥遗址。

吾珥是圣经中提到的一座古城，传说是犹太人始祖亚伯拉罕的诞生地。

面对着传说中的圣城，伍利顾虑重重。多年来，考古界的发掘多以发现古物，获取有价值的物品为主。因此，不管是特洛伊还是亚述王宫的发掘，都造成了考古学上无法弥补的损害。但伍利与19世纪以来的很多考古人士不同，他不单纯热衷遗迹探

索,而是注重真正意义上的考古学和追求真知。如今,自己就要开始发掘一座古城,会不会也留下很多遗憾呢?

面对着这个担忧,伍利坚定地告诉自己:"我们的目标是去获得历史,而不是要去找回各种混杂一起的珍品用来充实博物馆的陈列架。"带着这个理想,伍利主持的发掘工作十分谨慎有序。他一直在现场密切地监视着当地雇员的发掘工作,以确保在遗址现场的发掘工作有条不紊、循序渐进地开展。他还阅读了大量文章,试图找出遗迹的年代时序,按照一定顺序展开发掘。

经过细心的安排和耐心的工作,当工人们着手掘开一条壕沟时,人们惊喜地看到,一批珍贵的历史文物出现在眼前。它们中有罐子、铜制工具、念珠等等。伍利很清楚,在当地念珠是非常珍贵的物品,它们来自遥远的伊朗和阿富汗,因此,念珠的出现说明这里确实是一个重要的遗址。

其他人都兴奋不已,希望能够早日开掘整个遗址,然而,伍利是清醒的,他想到了过去很多考古人士的行为,决心改正过去的错误,正确地发掘眼前这座古墓。

有鉴于此,伍利停止了发掘,让工人们接受发掘技术培训。他很清楚,发掘工作需要大量人力,只有每个参与发掘的人都具有考古知识和经验,才能保证发掘质量,不会造成混乱和破坏。

培训进行了4年,这段时间内,工人们学会了使用小型手工工具、刷子,甚至还有牙医使用的凿子。这些工具都是用来清除文物周围的泥土的。另外,伍利还发明了一种保护文物的方法,这个方法是将融蜡倾倒于文物之上,待热蜡冷凝后,将文物以固定块状形式按它们的原样取出。这个方法可以确保文物出土时的原样得到最好的保护,以保障日后的修复和研究。

经过这样严格的训练,工人们成为了素质很高的专业人员,他们在伍利指导下开始了一场真正意义上的考古发掘。因此,这次发掘非常成功,不但先后发掘出众多遗迹和遗物,证实了吾珥古城的历史和文化,还为以后考古提供了丰富的经验,促进了考古学的发展和完善。

考古是一个系统工作,应该按照一定的要求和原则去完成。那么,这些要求和原则表现在哪些方面呢?

首先,在调查过程中应该做到的是做好文字、绘图、照像和测量等各种记录,并适当采集标本,以便下一步的分析和研究。

其次,在发掘时必须遵守地层学原则。地层学是考古学的基础,按照地层学原则,可以清楚地揭示遗址的层位关系,这样一来,就能避免错乱或者颠倒,保证考古工作科学有效地进行。

另外,在发掘过程中,也要做好记录工作,这些记录包括文字、绘图和照像3种,必要时还要制作模型。

欧内斯特·德·萨才克,就任法国驻伊拉克的领事官员期间,考察发掘了泰洛土岗,掀开了苏美尔人的神秘面纱。

发现诺亚方舟——考古研究对象

作为考古学研究对象的实物，包括遗迹和遗物两类。

有这样一对父子，探险家父亲为了向儿子证明诺亚方舟的存在，带领他按照《圣经》提供的线索，到达亚拉腊山寻找方舟遗迹。

这位父亲名叫纳巴拉，儿子名叫拉费尔，他们是法国人。1955年7月，当他们动身前往亚拉腊山时，儿子不过是12岁的小小少年。然而，这对父子十分坚强，他们艰难地攀登在陡峭的山崖间，越过一道道障碍，终于到达了积雪未融的山顶。

山顶上有一个深蓝色的湖泊，在烈日映照下，闪耀着眩目的银光，十分神秘。父亲拉着儿子站在湖边，心情激荡，他们似乎看到了诺亚方舟的影子正在湖面上驶过。

于是，父亲对儿子说："我们需要绕湖寻觅，一定可以找到什么蛛丝马迹。"

儿子很兴奋地回应着："诺亚方舟肯定在这里行驶过。"他边说着边挣脱父亲的手，准备到湖岸寻找。

父亲忙抓住儿子，叮咛道："小心！这里很危险！"

在父亲提醒下，儿子停住了脚步，再次回到父亲身边，他们手拉手开始了围绕湖岸寻觅的工作。湖水冰冷清澈，轻轻拍打着岸边。每一次拍打，岸边松软的泥土都会随着水花落入湖内，很快就消失了。看来，湖岸是非常危险的地方，人站在上面,稍不留意就有可能滑入湖内。

父子俩冒着危险缓缓行进着,父亲的心提到了嗓子眼上。这时,儿子突然叫道:"看,那边有一个黑糊糊的东西。"

父亲顺着儿子的手望去,果然,不远处有一堆东西。他连忙拿起望远镜,朝那个物体望去。这一望,让他大感惊喜,他看到泥土中冒出一块木板似的东西。他激动地说:"会不会是木板呢?"

儿子一听,抢过父亲的望远镜观看了一下,也叫起来:"真是木板,是诺亚方舟的木板。"

父子俩尽量控制住激动的情绪,小心地向那个东西走去。他们走了好长时间,终于来到了那个东西面前。由于它陷在湖边的泥土之中,父亲让儿子往后退,不要靠近湖边。然后,他自己试探着走向那个物体,并且用手拨弄着,用脚踩踏着,观察泥土的松软情况。这里的泥土比较结实,人不会陷下去。这一点让他放心了许多。他开始用力挖掘、拖动那个东西。经过一段时间,那个东西终于露出了全貌。这时,儿子也走过来,他们一起用冰冷的湖水清洗那个东西。

不一会,真相揭露了,从泥土中拖出来的东西果真是一块厚木板!父子俩高兴地跳了起来,他们大喊着:"找到诺亚方舟存在的证据了,找到证据了!"他们认为,这块木板是6 000年前诺亚方舟上的木板,因此可以证明,6 000年前,人类确实遭受过洪水洗劫,这次洗劫中人类依靠诺亚方舟得以延续下来。就是说,《圣经》中关于诺亚方舟和大洪水的故事都是真实发生过的,并非神话传说。

当父子俩将消息公之于众时,立即引起轰动。大批学者研究了这块木板,并前往亚拉腊山考察,结果却不尽人意。他们研究后认为,湖岸中遗留的厚木板是6 000年前用歌斐木制造的船舶的甲板残片,但不能证明一定就是诺亚方舟上的木板,而且,他们在考察过程中,并没有发现其它歌斐木,单凭一块木板,不能证明什么。

尽管纳巴拉父子的考察结果没有得到学者的支持,但是他们这种通过圣经故事寻找诺亚方舟的举动在考古界时有发生,不管他们的考古发现意义有多大,都让我们注意到一个问题:那就是考古学的研究对象。

我们说过,考古学的研究对象是实物数据,这些实物数据包括遗迹和遗物。也就是说,考古学研究的对象是物质的遗存,而非文献数据。这一点显示了考古学与其它学科的不同之处。比如研究人类历史的历史学,就是以文献记载为主要研究对象,这与考古学截然不同。

那么,作为考古学研究对象的实物数据具有哪些特点呢?首先,这些实物应该是古代人类透过各种活动遗留下来的,是经过人类有意识地加工的。其次,这些实物如果是未经人类加工的自然物,那么必须与人类的活动有关,或是能够反映人类活动。

从以上特点来看,考古学对于人类的起源和发展、文字未出现的史前时期的研究,发挥着不可替代的作用。这一点,其它任何学科都难以替代。

莱尔德,英国人,1845年在库容吉克土丘发掘出了亚述王宫遗址。

阿拉伯的劳伦斯——遗迹研究

遗迹，指古代的人们进行各种活动后遗留下来的痕迹。

　　托马斯·爱德华·劳伦斯因为发动阿拉伯独立战争而名垂史册,成为近代西方传奇人物之一,被人称为"阿拉伯之父"。作为一名具有英国血统的爱尔兰贵族后裔,他是如何做到这一点的,恐怕还要从他热衷考古开始说起。

　　1888年8月16日,劳伦斯出生于威尔士的特雷马多格,1896年跟随家人返回英国牛津。1906年,年轻的劳伦斯骑自行车游历法国,对英法百年战争时代的古堡进行实地考察。这次游历丰富了他的视野,也让他迷上了考古活动。一年后,他获得了牛津大学耶稣学院每年50英镑的奖学金,主修现代史。学习期间,他对于古代历史十分着迷,特别渴望透过实地考察了解古人的生活情况。

　　1908年夏天,劳伦斯再次骑上自行车,开始了在法国的第一次考古旅行。他先后参观克莱西、阿金库尔、色当等古战场遗址,从战场的轮廓到残留的点滴物品,他都做了比较详细的记载,收获颇丰。这次考古旅行,他还考察了修建于罗马帝国时代、西哥特时代及百年战争时期的众多古堡,行程达4 000多公里。从这些古代遗址中,劳伦斯了解到了很多前所未闻的知识,眼界大开。

　　第二年,劳伦斯决定走得更远,进行更广阔的考察活动。这次,他来到了近东,为了能更详尽、直观、仔细地了解遗址状况,他一个人徒步考察了巴勒斯坦和叙利亚境内的十字军古堡遗迹。在考察活动中,他认真地记录着各种所见所闻,绘制了很多草图,还拍摄了不少照片。当他满怀激情地回到牛津大学时,已

是 10 月份了。他把自己精心收录绘制的资料写进了毕业论文《12 世纪末十字军运动对欧洲军事建筑风格的影响》。

劳伦斯很快便以出色的成绩毕业了,他以考古工作者的身份返回中东,参加了发掘奥斯曼帝国境内赫梯王国都城卡赫美士遗址的考古行动。这次发掘历时 3 年,期间,劳伦斯透过考察遗址了解到近东地区的风俗和民情,也成长为一名成熟的考古学家。

恰在这时,第一次世界大战爆发,劳伦斯因为熟悉近东地区的情况,被调派往开罗的陆军情报部工作。就这样,他以考古学家身份走上了战场,走进了阿拉伯,并最终策动了阿拉伯独立战争。

遗址探访让劳伦斯迷上了考古学,那么,到底什么是遗址呢?

古代人类透过各种活动遗留下来的痕迹叫做遗迹,它包括遗址、墓葬、灰坑、岩画、窖藏及游牧民族所遗留下的活动痕迹等。其中遗址在考古学中占有重要位置,包括城堡废墟、宫殿址、村址、居址、作坊址、寺庙址等等。另外,像山地矿穴、采石坑、窖穴、仓库、水渠、水井、窑址、壕沟、栅栏、围墙、边塞烽燧、长城、界壕及屯戍遗存等，也属于遗迹。

不管哪种遗迹，都是经过人类有意识加工的，因而能够反映当时人类的活动，是考古学研究的重要内容之一。例如发掘古代墓葬，可以研究不同种族的体质特征，了解古代埋葬风俗及墓葬制度，并透过随葬品了解古代工艺水平，以及社会经济生活与意识形态等多方面的情况。

约翰·李约德·斯蒂芬斯，美国旅行者，热衷漫游和古文化。1837年，斯蒂芬斯出版《阿拉伯人特佩拉游记》一书，并与英国绘画艺术家佛雷德里克·加瑟伍德一起发现了科潘遗址。

耶稣裹尸布——遗物

遗物，指的是古代人类遗留下来的各种生产工具、武器、日用器具及装饰品等，也包括墓葬的随葬品和墓中的画像石、画像砖及石刻、封泥、墓志等。

"都里若圣布"，也就是传说中用来包裹耶稣尸体的麻布。据说，耶稣当年死而复活，离开了埋葬他的坟墓，却留下了曾经用来包裹他尸体的那段细麻布，这就是至今还保存在意大利都里若的这块布。

许多年来，考古界和科学界曾对这块圣布进行过多次研究，希望能够解开耶稣的秘密。1978年，一支由美国专家组成的考察团来到都里若，对圣布进行了实地考察。他们从中获取了很多数据，并且带回美国利用最先进的技术进行分析研究。这次分析工作长达3年，得出了非常精确的结论，他们认为圣布包裹过的耶稣是位犹太男人，高176公分，体重79公斤，年龄约为30岁，脸上长着胡须。分析还发现，耶稣的头部被打伤，双膝受伤，手腕和腿部被大钉穿过，均流出了不少血，而这些血在麻布上留下明显的痕迹。

分析结论公布后，引起世人极大兴趣。长久以来，基督教会描述的耶稣受难情况与分析结果极其相似。在耶稣受难的故事里，耶稣背负十字架时，曾经摔倒受伤，损伤了膝盖。而且，他被钉上十字架时，左腿压在右腿上面，一根长长的大钉子穿透而过。至于手腕，更是说明了一个问题：在耶稣受难的画像里，他的双手而非手腕被钉住了。现在，研究发现他被钉住的是手腕，这正可以说明为什么《路加福音》中记载耶稣在较短时间内死亡，因为手腕有大动脉，很可能是钉子穿透大动脉,造成了大出血。

所有的分析结果都表明,都里若圣布承载着许多有关耶稣的信息,人们议论纷纷:"耶稣显圣了,这些信息是耶稣显圣的表现。要不然,为什么一块麻布能保留这么久？为什么圣布上会清晰地显露出耶稣的面容？"

对于这种传言,考古学家给出了答案,他们说:"并非只有都里若圣布能够保留长久,在埃及发现的法老的裹尸布,也是亚麻布,它们比圣布的时间还要久远。至于耶稣的面孔,这是科学技术合成的结果。"原来,将都里若圣布上耶稣留下的血和各种遗留物的成分搞清楚后,可以用含有这些成分的混合物涂到一个人脸上去,再用亚麻布包裹即可留下印痕,这就是圣布上耶稣面孔的来历。

了解了这些科学道理,耶稣显圣的说法也就不攻自破。透过这次分析研究,恰恰证实了一个重要问题:耶稣并非神灵,而是一个真实存在过的人。这就是《同观福音》里说的,"耶稣从加利利的拿撒勒来,在约旦河里受了约翰的洗礼。"可见,耶稣来自沙南地区北部加利利的拿撒勒城,是个拿撒勒人。

尽管都里若圣布并非神灵显圣的结果,但就算它只是一件普通的遗物,却也能帮助我们揭开历史的谜团,这就是遗物的作用了。

遗物指的是古代人类遗留下来的各种生产工具、武器、日用品及装饰品等,也包括墓葬的随葬品和墓中的画像石、画像砖及石刻、封泥、墓志、买地券、甲骨、石经、纺织品、钱币、度量衡器等。另外,遗物也包括与人类活动有关的各种作物、家畜及渔猎、采集获得的动植物的遗存等。

按照材质划分,遗物可分为石、陶、骨角、玉、金属等;按用途分,遗物包括生产工具、生活用品、随葬物品等。

克劳福德(1886~1957年),英国田野考古学家,在调查工作方面作出了新贡献。他本是地理学家,所以充分注意地理环境对古代人类社会的影响,他的著作《田野考古学》,主要是总结了他在广大的田野上进行考古调查的经验。他还发展了航空考古学,使空中摄影成为调查地面上的古代遗迹的得力工具。

万年前的石斧——旧石器时代

旧石器时代是以使用打制石器为标志的人类物质文化发展阶段。

布歇·德·彼尔特是法国考古学家,生于1788年9月10日,父亲是当时有名的植物学家,与拿破仑关系密切。布歇自幼兴趣广泛,立志成为一名文学家,可是由于父亲和拿破仑的关系,他年轻时就被派往德国和奥地利做外交官。这段经历开阔了他的视野,使他逐渐迷恋上了考古学。

后来拿破仑失败,布歇隐退乡间,定居在阿布维尔的市镇里。1825年,布歇担任这座小镇的海关检察员,并继续着自己的文学和考古之梦。平日里,除了读书写作外,他时常到小镇附近的山脚边敲打、挖掘,希望寻找到有价值的东西。一晃十几年过去了,1838年的一天,布歇又来到了阿布维尔郊外,他耐心地观察着,仔细地寻找着,时不时挥动手里的铁锤,这里敲敲,那里打打,如果有可疑的地方,他还会拿起铁锹一下一下地慢慢挖掘。挖着挖着,布歇突然愣住了,他的面前出现了几柄粗糙的石斧,这些石斧看上去年代久远,绝不是现代物品。

这一发现让布歇喜出望外,他急忙蹲下身仔细端详石斧,并认真研究发现石斧的地层位置。经过判断,他认为这些石斧距今一定有上万年的历史,而且它们显然是由人类用手工凿制而成的。布歇激动不已,他知道石斧虽然制作得十分粗陋,但是就像整座卢浮宫的发现一样,也同样足以证明人类的存在。

怀着满腔热忱,布歇开始对石斧进行深入的研究和探索,并于1846年将自己的发现写成书出版发行。书中他详尽地介绍了自己的考察经过,指出这些石斧已有上万年历史，这说明那时就有人存在了。

这本书出版后，引起轩然大波。当时人们还比较迷信居维叶的观点，他认为人类的历史并不久远，距今不超过六千年。居维叶在当时的西方影响深远，具有不容置疑的地位，所以，人们对布歇的发现和结论不屑一顾，没有人愿意前往看一看那几柄石斧，而武断地认为布歇耸人听闻。

面对权威和蔑视，布歇没有退缩，他顽强地坚持着自己的理论，到了1850年代，随着人类挖掘出更多的古代工具，许多科学家不得不重新考虑布歇的发现。几位权威的英国科学家，包括莱尔前往法国参观布歇发现石斧的现场，宣布支持布歇的观点。不久，英国皇家学会正式确认了古人类的存在。至此，布歇发现的石斧成为研究古人类问题的重要证据，他也因为发现石器时代人类第一件物证而名垂考古史。

旧石器时代是以使用打制石器为标志的人类物质文化发展阶段，从距今约250万年前开始，延续到距今1万年左右止。旧石器时代分为三期：旧石器时代早期、旧石器时代中期和旧石器晚期。其中，旧石器时代早期相当于人类体质进化的能人和直立人阶段，中期相当于早期智人阶段，而晚期就到了智人阶段。

在世界范围内，旧石器时代的文化分布广泛，由于地域和时代不同，以及发展的不平衡性，各地区的文化面貌存在着相当大的差异。

布歇·德·彼尔特(1788～1868年)，法国考古学家，生于阿拿的雷代尔，卒于索姆的阿布维尔。1838年，他在阿布维尔附近发掘出几柄粗糙的石斧，这是石器时代人类的第一件物证。

奇怪的石头——新石器时代

新石器时代在考古学上是石器时代的最后一个阶段。以使用磨制石器为标志的人类物质文化发展阶段。

上世纪八十年代，广西平乐大发瑶族乡打算修建一个农机站，于是负责施工的几位村民挑选了桂江畔一个三面环水的山坡台地，一个叫"龙头闸"的地方开始挖地基。才挖了一尺多深，村民们就发现这块地方有些奇怪，地下挖出了很多奇形怪状的石头和许多陶片，石头似乎并不是天然形成的，而是经过打磨后形成的形状，有的像斧头，有的像玉环，有的像箭头。

村民觉得这些东西有些古怪，知道有些来头，便捡拾了几块石头和陶片，送到了县里的文物管理所。所里的考古人员立刻对石头和陶片进行了鉴定，结果显示，这些石头是新石器时期人类制作的石器，而陶片则是古人烧制使用的陶器碎片。

考古工作者立刻通知村民停止挖掘活动，将现场保护了起来。但因为当时缺乏必要的发掘条件，考古人员并没有立刻进行发掘，而只是将遗址保护了起

来。直到2007年,条件成熟后,考古人员才正式开始了对此地的考古发掘。

这次发掘进行得很顺利,发掘人员再次发现了许多石器,石器多是用鹅卵石打磨而成,总共有三百件之多。石器中有石斧、石镞,有石环、石璧,也有石凿、石饼等,其中有大量磨得锋利的石片,有的石片呈长方形,中间有孔,但不知是何用途。陶片多有纹饰,但因为年代久远,纹饰都已经很难辨认了。发掘中还发现一个陶纺轮、一处奇特的石头阵,也都不清楚其功用所在。

在这次发现的石器中,有大量的石器都是以往未曾见过的,它们形状古怪,至今还不知道有何用途,对于这些石器的研究,目前还在进行中。但可以肯定的一点是,这些石器和陶片的出土,对于研究广西古人类历史有着重要的意义。

在考古学上,新石器时代是石器时代的最后一个阶段,是以使用磨制石器为标志的人类物质文化发展阶段。这一时期大约从1.8万年前开始,结束时间从距今5 000多年至2 000多年不等。

新石器时代在地质年代上已进入全新世,继旧石器时代之后,或经过中石器时代的过渡而发展起来,这一说法由英国考古学家卢伯克于1865年首先提出。新石器时代具有3个基本特征:

(1) 开始制造和使用磨制石器;

（2）发明了陶器；

（3）出现了农业和养畜业。

当然，并非3个特征齐备才能称新石器时代。一般来说，世界各地这一时期的发展并不相同，比如有些地方农业产生后才有了陶器，而有些地方先有了陶器，却迟迟没有农业痕迹。但是，它们都已经进入新石器时代。

由于新石器时代的情况不一致，所以对于它的划分也没有统一标准，有的地方分为早晚两期，有的地方分早中晚三期，还有的地方出现了青铜器与石器并存的现象，称为铜石并用时代。

亨利·罗林逊(1810～1895年)，英国人，1835年他驻波斯小镇比里斯屯期间开始着手研究楔形文字的秘密，成功地翻译了古波斯文、巴比伦语。

饕餮铜尊——青铜器时代

青铜器时代是考古学分期法的一个时期,指主要以青铜为材料制造工具、用具、武器的人类物质文化发展阶段。

1963年8月,陕西宝鸡市附近贾村镇的破旧房子里居住着一对刚从固原返回的年轻夫妇,他们分别叫陈堆和张桂芳。一天上午,陈堆站在后院里望着屋后的土崖出神。刚刚下过大雨,土崖上滑下很多泥土,不知道会不会危及房屋。他看着看着,突然发现土崖下方亮光闪闪,像有什么宝物。他很兴奋,立即喊上妻子一起跑到亮光处,两人用手使劲刨着,不一会,一个树墩大的铜器出现了。面对意外收获,两人格外激动,他们将这铜器仔细收好,藏了起来。

第二年,陈堆夫妇返回固原,将铜器交给哥哥陈湖保管。陈湖家境困难,他保管铜器期间,听说铜器价格不错,就在1965年以30元的价格卖给了收购站。

当时,收购站打算将这件铜器送进炼炉焚烧待用。然而,就在这时,宝鸡市博物馆的工作人员佟太放偶然来到收购站,见到了这件铜器。他仔细端详铜器,见其造型凝重雄奇,纹饰严谨而富有变化,直觉这应该是一件比较珍贵的文物,便立刻阻止他们焚烧，并赶紧回去向馆长汇报。

馆长随即让保管部主任前去查看，保管部主任赶至废品收购站后，也断定这是一件珍贵文物，便以收购站当初购入的价格30元将这尊高39公分、口径28.6公分、重14.6公斤的铜器买回了。经考古人员确认，这是一尊西周早期时的青铜酒器，浮雕为"饕餮纹"。于是，这尊铜器成了宝鸡市博物馆1958年成立后收藏的第一件青铜器。

铜器入住博物馆后，虽然逃脱了被焚化的厄运，却没有受到多大重视，在这里一呆就是十几年，默默无闻。直到1975年，国家文物局调集全国新出土的文物精品出国展出，著名青铜器专家、时任上海市博物馆馆长的马承源先生负责筹备，"饕餮铜尊"因其造型图案精美被选送。马承源在清除铜尊的锈蚀时，见其内胆底部平坦，便猜想可能会有铭文，经仔细观察，真的发现了笔道痕迹。对锈蚀清理后，果然在铜尊内胆底部发现了一篇12行共122字的铭文，记载了周成王营建洛邑，建筑陪都的重要历史事件，极具史料价值，而其中"宅兹中国"（大意为我要住在天下的中央地区）更是关于"中国"的最早文字记载。

这次再发现，使铜尊具有了无可比拟的价值，在国内外引起强烈震动。因考证该铜尊是一位姓何的人所制，故马承源将其命名为"何尊"。至此，何尊以其应有的身份面向公众，成为了中国青铜器家族中耀眼的一分子，也成为了考古学家们进一步了解青铜器时代的重要文物。

青铜器时代是考古学分期法的一个时期，指主要以青铜为材料制造工具、用具、武器的人类物质文化发展阶段，处于新石器时代和铁器时代之间。约从公元前2000年开始，大约发展了15个世纪。从使用石器到铸造青铜器是人类技术发展史上的飞跃，是社会变革和进步的巨大动力。

从出土的各种青铜器中,可以看出当时铸造技术的水平和人们的生活状况。刻在青铜器上的铭文更是涉及到军事、政治、经济和文化等各方面,无疑是重要的历史资料。

随着青铜器的发展,其礼器特性逐渐消失,有相当一部分转化为日常生活器用,而青铜器的普及使用提高了锻造技术,为铁器时代的到来做好了准备。

斯坦因(1862～1943年),英国人,原籍匈牙利。三次中亚探险,所获敦煌等地出土文物和文献,主要入藏伦敦的英国博物馆、英国图书馆和印度事务部图书馆以及印度德里中亚古物博物馆(今印度国立博物馆)。编著有《千佛洞:中国西部边境敦煌石窟寺所获之古代佛教绘画》一书。

仰韶文化遗址——考古学文化

考古学文化，是指用以表示考古遗迹中（特别是原始社会遗迹中）属于同一时期的有地方性特征的共同体。

说起中国考古，有一人不得不提，他就是瑞典地质学家、考古学家安特生。

1914年，安特生受聘任中国北洋政府农商部矿政顾问，在中国从事地质调查和古生物化石采集。1916年6月，在山西勘探铜矿资源的时候，安特生偶然发现了一批古新生代的生物化石，这一发现当时矿藏资源勘探工作难以继续的现况，安特生教授以及当时地理测绘研究所所长丁文江先生随即决定调整工作重心，转而进行对古新生代化石的大规模收集整理工作，同时这一工作也得到了当时民国农商部以及瑞典皇家的支持，于是，安特生的考古生涯自此拉开了序幕。

1918年秋，安特生教授听说河南省仰韶村出产一种特别的中药，名叫龙骨，他对此非常感兴趣，于是前往考察。来到仰韶后，因为得到另一位来自瑞典的传教士玛丽亚·佩特松的帮助，安特生发现了一批古生物化石以及"龙骨"，从这些发现推测，他

认为此地应该有新石器时代人类活动的痕迹，于是，安特生决定在这一地区继续寻找。

不巧的是，安特生很快接到命令回京，他只好放弃了这次搜寻。但他一直念念不忘此事，两年后，机会来了，这时需要到渑池、新安采集化石标本，安特生派自己的助手刘长山前去，并对他说了自己曾经有过的发现，嘱托他注意此事。

刘长山到达后，在采集标本的同时，到仰韶村进行了大量考察发掘活动，果然采集到了很多石器标本。当刘长山带着数百件石斧、石刀之类的石器回来后，见到这些石器的安特生异常激动，他相信，这些东西的存在表示，仰韶一带一定有新石器人类遗存。

第二年春天，安特生再次来到仰韶，开始了深入调查勘测。在村南约1公里的地方，他发现了一些被流水冲刷露出地面的陶片和石器的剖面。秋天，获得政府批准的安特生开始组织人员在仰韶村展开了发掘工作。发掘不久，他们就发现了许多彩陶、磨制石器，这大大鼓舞了人们的信心，发掘工作十分顺利。从10月27日开工到12月1日，他们一共发掘了17个地点，出土了大量新石器时代陶器以及工具，还在一块陶片上发现了水稻粒的痕迹。

因为发现的地点在仰韶村，于是安特生为之定名为"仰韶文化"。正是这次发现，掀开了中国也是亚洲第一次发现了新石器时代文化遗存的考古运动，也开启了中国田野考古的历程。

正是安特生在《中华远古文

化》一文中首次提出"仰韶文化"这一说法,让我们了解到考古学文化这一概念。那么,什么是考古学文化?又如何对某种考古文化进行命名呢?

考古学文化是考古学研究中的专门术语,用以专指考古发现中可供人们观察到的属于同一时代、分布于同一地区、并且具有共同特征的一群遗存。比如,在考古过程中发现了几种特定的器物,这些器物常常出现在一定的居住址或者墓葬中,那么,这些有特定关系的遗存就属于一种"文化"。

考古学文化的命名有三种方法,最常见的就是以首次发现的典型遗址所在地命名,像仰韶文化就是这种例子;第二种方法是以该文化最突出的特征来命名,像巨石文化、彩陶文化等就属于这种情况;还有一些文化以其族别来命名,比如楚文化。

亨利·英哈特,1826年生于法国,年轻时致力于自然史研究。1860年,他在东南亚采集标本时发现了吴哥古都。

殷墟层层探历史——
考古学文化层

考古学文化层指由于古代人类活动而留下来的痕迹、遗物和有机物所形成的堆积层。

  梁启超的次子梁思永是著名的考古学家，他于 1904 年在上海出生，曾经到美国留学。1930 年回国后，梁思永参与发掘了安阳殷墟小屯及后冈遗址。在这次发掘中，年轻的梁思永做出了很多成就，为其后中国考古学的发展打下了基础。

  自从加入殷墟发掘团后，梁思永就发现，由于发掘人员缺少科学指导和方法，考古工作非常凌乱，进展缓慢，而且还对考古遗存造成了很大损伤，这让他深感痛心。于是，他根据在国外学习的知识和经验，组织人员学习考古知识，并教给他们一定的考古方法。在梁思永的指导下，发掘工作取得了明显改善，不但速度增快了，质量也大有提高。

  在后冈发掘现场，梁思永注意到一种现象，这就是遗址中的白陶下面，覆盖着一层黑陶，而黑陶底下，又出现了一层彩陶。当时，很多人并没有在意这种现象，对此没有给予过多关注。然而，梁思永一眼就看出了问题所在，他从地层学角度入手，思考到在同一地点出现了不同的陶器，这些陶器不管在制作还是用途上显然是不同的,也就是说,它们应该属于不同的文化层。

这一想法让他格外激动,因为在当时,西方学者普遍认为中国文明来自西方。而梁思永的推断,则可以证明中华文明源远流长,一脉相承,具有悠久的历史,并非来自西方。

带着满腔热忱,梁思永投入到更细致和科学的研究分析当中,并最终做出了结论:这些陶器来自不同的文化层。

在做出判断后,梁思永着手撰写了《小屯龙山与仰韶》和《后冈发掘小记》两篇论文,对自己的主张做了系统科学的分析。他指出了仰韶文化和龙山文化的先后关系,并分析了两者与小屯殷墟文化的关系。这就是著名的安阳殷墟"三层文化"。"三层文化"说有力地反击了西方学者的"学说",是中华民族的骄傲。

梁思永提出的殷墟"三层文化"向我们揭示了考古学的一个重要内容,这就

是考古学文化层。研究表明,考古学文化的构成是有层次的,每一层代表一定的时期。所谓文化层,就是在一定时期内,由古代人类活动而留下来的痕迹、遗物和有机物所形成的堆积层。

在考古工作中,需要从地层上正确区分上下文化层的迭压关系,并根据不同文化层的包含物和迭压关系,确定遗址各层的文化内涵、相对年代,这样,对文化进行层次划分就显得尤为重要。区分文化层,对它们进行研究确定,可以更好地把握历史的真实,更准确地理解考古意义。

赵明诚(1081~1129年),宋金石学家,字德父,密州诸城(今诸城)人。与妻李清照同好金石图书,所藏商周彝器及汉唐石刻拓本甚富。曾仿欧阳修《集古录》例,编成《金石录》三十卷。

金石情缘李清照——
中国古代考古

在中国，东汉时已有"古学"的名称。北宋中叶，"金石学"诞生，其研究对象限于古代的"吉金"（青铜器）和石刻。到清代末叶，金石学的研究对象从铜器、石刻扩大到其他各种古物。

　　李清照是中国历史上有名的女词人，以诗词著称于世，为人所共知，不过她协助丈夫赵明诚搜集金石，完成《金石录》的故事，知道的人却要少得多了。

　　赵明诚自幼就喜欢金石文物，加上家境良好，因此收藏颇丰。他与李清照结婚后，依然不改沉迷，当时的赵明诚只是个太学生，并不宽裕，但每每见到金石文物，他总是迫不及待地购买收藏。他曾自行记叙这段往事说："每朔望谒告出，质衣取千钱入相国寺，市碑文果实归，相对展玩咀嚼。"其拮据却沉迷的心态可见一斑。

　　李清照本就是个才女，对古玩书画也很精通。眼见着丈夫如此痴迷，李清照夫唱妇随，也迷上了金石收藏。从此后，夫妻俩不以高官厚禄为荣，只沉湎于金石、书画的收集研究之中。

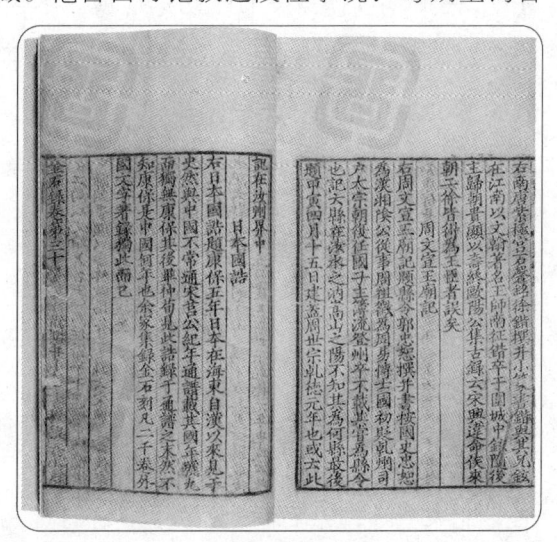

后来，赵明诚出仕为官，有了可观的薪酬，而这时，已经痴迷的李清照与丈夫约法三章，食去重肉，衣去重彩，首无明珠翡翠之饰，室无涂金刺绣之具，要节省下钱财，搜索遍普天下的古玩奇珍。当时，他们家的收藏已经非常多了，可他们还觉得不够，经常透过亲友故旧，想方设法把官府收藏的珍本秘籍借出来抄写。

有一次，有人知道李清照夫妇爱收藏古画，便拿着徐熙的《牡丹图》来卖。徐熙是南唐卓越的画家，他独创了一种落墨方法，与同时代的黄筌构成了五代北宋时期花鸟画的两大派别，对后世花鸟画的发展有很大影响。李、赵二人看到这幅珍品，爱不释手，但卖者要价太高，他们又手头拮据，无论如何也筹措不出，结果两人只好恳求卖家，留下画作观赏了几宿，最后还是把画还给了卖主。事后二人还为此惋惜了很久。

经过20多年的努力，李清照夫妇搜集了三代以来的古器物铭及汉、唐石刻2 000余卷，并为其考订年月，去伪纠错，写成了跋尾502篇。1130年，他们卜居江宁，著作《金石录》一书已初具规模。不久，赵明诚去世，金人南下，他们搜集的金石大多在战火中散佚。在家难国仇面前，李清照以病弱之身携带这部未完成的遗稿，跋山涉水，千里辗转，经过不断增补修订，《金石录》终于成书。其后，她又为《金石录》的刊行四处奔波，终于在绍兴二十六年（1156年）得以刊行于世，流传至今。

李清照和丈夫痴迷的金石研究，是中国古代考古的主要形式。在中国，从东汉时起，就有了"古学"的名称。《后汉书》中曾经记载过这样的内容：马融"传古学"，贾逵"为古学"，桓谭"好古学"，郑兴"长于古学"，可见，当时已有不少人热衷古学，这里的"古学"专指研究古文经学，也包括古文字学。

北宋中叶，"金石学"诞生了。它的研究对象是古代的"吉金"（青铜器）和石刻。这一研究持续很久,影响深远,近似欧洲的铭刻学,被视为中国考古学的前身。

到清代末叶,金石学的研究对象从铜器、石刻扩大到其他各种古物,当时有人提议将金石学改称为"古器物学"。清末至中华民国时期,"古器物学"逐步接近近代考古学,有人在翻译西方文章时,就把欧洲文字中的"考古学"译作"古物学"。实际上,古物学与考古学存在较大不同,它侧重于收藏和研究,缺乏科学系统的理论手法,因此,这种翻译并不准确。

> 李佐贤(1807~1876年),字忠敏,号竹朋,利津县人。爱金石书画,尤以古钱为专好。1864年编成《古钱汇》,共六十四卷,被中、外古钱币学家奉为经典。

水下神殿——古雕像研究

古埃及的雕塑作品通常出于陵墓和寺庙。雕像所用材料一般是石、木、象牙、陶土等。

1998年，当埃及艳后的皇宫被成功发掘后，考古学家弗兰克·高狄欧接着开始寻找她的神殿。高狄欧很肯定，神殿应该就在附近。要知道，在古埃及，人们看重的是来世，而神殿是代表延续永生的处所，地位比宫殿还要重要，所以它肯定不会太远。可是，潜水小组在海底寻觅了两年，仍是一无所获，这让大家有些泄气，但高狄欧并没有放弃，他依旧坚持自己的判断，认为神殿一定在皇宫附近。

他的坚持终于有了结果。不久，潜水队员在沉岛海岸附近的一片地区发现了一尊奇怪的塑像。他们将雕像抬出水面，做了进一步的研究。研究发现，雕像是个秃顶而且擎着"老人星"圣水瓶，由此，他们判断他是伊希斯祭礼的祭司。埃及人传说，艳后死后化身为伊希斯女神，主司生育之权，控制尼罗河每年的涨潮期，而这位祭司则需要每三天净身一次，祈求伊希斯庇佑尼罗河的富饶，也就是说，这尊塑像应该来自艳后神殿的小圣堂。

祭司像的出现，说明它们已经离神殿越来越近了。这一发现让所有成员激动不已，他们开始更投入的搜寻，于是，更多的雕像出现了。这次是两尊完好的狮身人面像。考古队成员异常兴奋。在埃及，狮身人面像的头像往往是依照国王和王后的模样雕刻的，也就是说，这两尊雕像很有可能是依照埃及艳后模样雕刻的。队员们将两座狮身人面像抬上船，阳光下，他们清楚地看到了这两尊雕像。遗憾的是，雕像已经被自然侵蚀，看不清它的本来面目，而塑像上又没有铭文，没办法得到更多的欣喜，不过从雕塑的艺术风格上，由其圆润的面部及臂章，可以容易确定其年代。

　　祭司和狮身人面像的出土表示，两千多年前，这里应该不是海，而是离皇宫非常近的伊希斯小圣所，也就是说，他们找到了埃及艳后的神殿。

　　探寻工作继续进行着。这次，他们又在海底的淤泥中发现了一座沉没的巨大雕像。人们发现，它高达5公尺，保存完整。这个巨像来自何方，它的原型又是谁呢？当它露出水面，高狄欧看到巨像的面孔时，不由失声叫道："屋大维！"屋大维是罗马独裁者，正是他率领大军攻入艳后的辖地亚历山大城，使得艳后自杀身亡。

　　巨像出土后，高狄欧寻找亚历山大遗迹的任务也结束了。他们将所有的发现都交给了埃及政府，等待着更多的人来从中探寻出那位传奇艳后的秘密。

　　古埃及的雕塑作品通常出于陵墓和寺庙，多用石、木、象牙、陶土等材料铸成。在陵墓中的雕像，是作为人的替身；神庙中的神像和葬祭庙中的国王像，则是供人们瞻仰和崇拜的纪念性雕像。最早的雕塑品是前王朝时代巴达里文化和涅伽达文化墓葬出土的男女人像及动物雕塑。第二王朝末期的哈塞海姆的两件雕像，是埃及艺术史上最早的国王雕像。

古埃及雕像经历了一定的发展历程。早期以木质雕刻为主流,仅有些雪花膏小雕像,也属粗制滥造,不过,第十王朝的阿西尤特及美赫梯墓中出土两组战士模型,共有80人,手持武器,体形健壮,栩栩如生。

中王国时代的雕像,风格出现了变化,此期作品以底比斯的卡那克神庙两座站立的巨像为代表,还有很多日常生活中各类普通人的雕像,有男女奴仆和战士等。

新王国时代作品分为早晚两期。这个阶段最突出的特点是代表国王的石像巨大,一般巨像旁有较小的王室亲属雕像。

到了晚期,则由青铜制成的国王、僧侣和神灵的小雕像取代了巨像。

朱复戡(1899~1989年),书法篆刻家和古文字学家。祖籍浙江宁波,生于上海。工书,精篆刻,有《静龛印存》、《复戡印存》、《大篆字帖》等作品。

科潘金字塔下的墓地——墓葬

人类将死者的尸体或尸体的残余按一定的方式放置在特定的场所，称为"葬"。用以放置尸体或其残余的固定设施，称为"墓"。在考古学上，两者常合称为"墓葬"。

科潘是神秘的玛雅文明的一部分，从公元前 250 年开始进入古典玛雅时期，从此，玛雅人开始修建城池，扩大国度。5 世纪，科潘由一位叫宝兰色鹦鹉的国王统治了。在这位国王的统治时期，他修建了科潘的第一座庙宇。

他的后代统治了科潘 15 个朝代，使得科潘成为玛雅数一数二的城市。在这些统治者中，有一个著名的国王名叫灰色美洲虎，他统治科潘长达 70 年。在他的治理下，科潘人口增多，领土扩大，皇亲贵族们开始修建更多建筑。这样一来，科潘一方面呈现繁荣发达之势，一方面由于住宅占领了农田，农民被迫搬迁到周边贫瘠的土地上，造成了生产力的下降。

后来，灰色美洲虎的儿子兔子十

八接管了科潘，他为了炫耀科潘的辉煌，下令修建了很多石雕和石刻，这些东西成为后人研究玛雅的重要依据。不过，兔子十八很快就在战争中失利，被邻国斩首示众。他的儿子灰色贝克为了复国，和巴伦克国的一位公主成亲。后来，他也修了一个新的神庙金字塔，这个金字塔有72级台阶，每级50英尺宽，上面刻了1 250多幅图画，讲述着科潘王国和统治者的故事。

公元763年，宝兰色鹦鹉王朝的最后一位国王雅克斯·潘克登基，他下令修建了许多纪念碑和祭坛，可是当时科潘已经走向衰败，无人可以挽回局势。到了公元1200年，科潘大部分地区已经无人居住，热带森林慢慢将其吞噬了。

几百年后，考古学家在科潘展开了大规模发掘活动，他们发现了科潘的遗址，并在这废墟中的大金字塔下面找到了科潘王国的皇家陵墓所在地。1989年，考古队在科潘废墟遗址上打开金字塔下面的陵墓。墓体掩藏在大金字塔的石阶梯之下，被埋葬者是个中年人，随葬品中有玉器装饰品和耳饰收藏品，这些东西都是科潘有史以来所发现的最丰富遗物。另外，他们在墓里还发现了彩陶和其他遗物，这些东西可以证明被葬者的皇家身份，考古学家推测，此人可能是国王灰色美洲虎的小儿子。

陵墓的发现，可以帮助我们更多地了解神秘的玛雅文化。在考古研究中，墓葬制度是一个重要的课题。所谓"墓"，指的是用以放置尸体或其残余的固定设施;而"葬"则是人类将死者的尸体或尸体的残余按一定的方式放置在特定的场所。在考古学上,两者常合称为"墓葬"。

古代墓葬是考古调查发掘的对象之一,它提供的各种资料不但能够反映不同地区和时代人们的墓葬情况,以及人类体质学方面的问题,更能反映当时人们的生活、经济、文化等方面的情况,因此,墓葬提供的资料远远超过了研究墓葬制度本身的范围。

在各种墓葬形式中,大多包含着各种随葬器物,这些器物是墓葬研究中的重要物证。

李济(1896~1979年),人类学家、考古学家。字济之,钟祥郢中人。先后考察发掘了山西夏县西阴村遗址、河南安阳殷墟遗址,收集了大量甲骨文资料,弄清了小屯文化、龙山文化和仰韶文化的具体层次关系,被尊称为"中国现代考古之父"。

佩特拉灭亡之谜——贝冢

贝冢是史前时代人们捕食的贝类堆积的遗址。

19世纪初,贝克哈特发现了被外界遗忘的穆斯林古城佩特拉(今约旦和南叙利亚境内),从而激起欧洲冒险者对佩特拉的好奇心。随后,很多欧洲人装扮成穆斯林教徒前往佩特拉考察。这些人既有后来发现了特洛伊城的考古学家亨利·谢里曼,也有后来在尼尼微地区开凿出美索不达米亚城的奥斯汀·亨利·莱亚德。

到了20世纪,佩特拉成为旅游圣地,同时也成了严肃的考古课题。一批批来自德国、英国、瑞士、美国以及约旦的考古学家们在佩特拉考察着、发掘着。他们希望进一步了解佩特拉,了解由纳巴秦人在佩特拉创造的古文明。

一开始,考古学家将目光聚集在佩特拉特有的墓地上。在佩特拉,人们习惯在沙壁上雕凿墓穴,这成为当地一大习俗。在大量的考古发掘中,考古人员发现了许多石雕墓地和庙宇,因此常常把佩特拉当作一个大墓地去研究。佩特拉一度成为亡灵之城的代名词。

在发掘和研究墓地的过程中,考古界有一个疑惑一直无法解开,那就是,这个曾一度辉煌的佩特拉为什么会被遗弃?

1991年,一群来自亚利桑那的科学家们在研究了大量的佩特拉墓地后,给出了答案。这群科学家曾经研究过啮齿类动物的巢穴,他们发现这类动物习惯于收集棍子、植物或者粪便等,终生生活在巢穴中,死后也在巢穴"安葬"。由于

巢穴被它们的尿水浸透,尿中的化学物质硬化,形成一种胶状物质,这种物质能够防止巢穴中的东西腐烂。这样一来,在发掘出的各种巢穴中,就会发现很多植物或者花粉的标本,它们就像一个时间仓一样,可以为研究者提供很多证据。科学家将这类巢穴称作贝冢。

在佩特拉,科学家也发现了很多类似动物贝冢的墓穴。他们结合动物贝冢的特点,展开了深入发掘和研究,结果发现,在纳巴泰人刚刚创建佩特拉的时候,这里遍布橡树林和阿月浑子林,是一片森林地带,为人们生活提供了良好的生存条件。到了公元1世纪,随着罗马人占领佩特拉,更多的人涌入佩特拉,人们为了建造房屋、获取燃料不断砍伐树木,因此森林逐渐萎缩,林区衰变成灌木草坡带。到了公元900年左右,过分的放牧和砍伐使灌木林和草地也消失了,这片绿洲最终沦为沙漠,辉煌繁华的佩特拉也就彻底地灭亡了。

亚利桑那的科学家透过贝冢研究揭开了佩特拉消失的原因,这体现出考古研究中的一个新问题——贝冢。

简单地说,贝冢是史前时代人们捕食的贝类堆积遗址。1877年,美国人莫斯在日本调查大森贝冢,引起世人注意。这一调查研究,促进了日本文化的研究,也促进了贝冢研究。

调查发现,贝冢是生活在海岸附近或者湖泊周围的部落留下的垃圾场。在欧洲,从中石器时代起就发现了贝冢,而在日本,从绳纹时代早期就有了贝冢的发现。贝冢中收集了很多不易腐烂的骨角器、动物遗体,在短时期内形成了很厚的贝层,所以可以比较清晰、完整地展示文化的变迁情况。

梁思永(1904~1954年),考古学家,1931年春,他参加河南安阳小屯和后冈的发掘以及山东历城(今章丘)龙山镇城子崖的第二次发掘。主要著作有其主持编写的《城子崖遗址发掘报告》、论文汇编《梁思永考古论文集》以及由于病痛未完稿后由高去寻辑补而成的《侯家庄》。

古老的圣经泥版——楔形文字

楔形文字是苏美尔人的一大发明。苏美尔文由图画文字最终演变成楔形文字，经历了几百年的时间，在公元前2 500年左右才告完成。

根据《圣经》的记载，莱尔德在美索不达米亚平原发现了尼尼微古城，随后他将大量遗物运回了英国。大英博物馆认为这是揭开亚述文明的重要途径，于是开始组织人员翻译其中的泥版文字。

这些研究人员中有一人叫乔治·史密斯，一天，他在研究一堆破碎的石碑时，有了一个惊人的发现，碑文记载了古巴比伦时期，上帝派大雨和洪水来惩罚邪恶有罪的人类的故事，这次灾难中，只有尤特拿比利姆一家幸免于难。这个故事深深吸引了史密斯，因为它与《圣经》中描述的《洪水与诺亚方舟》的故事太相像了！

史密斯一边翻译，一边兴奋地推测着：难道《圣经》是根据此地的神话传说创作的？还是此地的神话传说与《圣经》共同来源于一个更古老的文明？不管哪个猜测是准确的，都足够引起世人的震动。因此，史密斯决定一举揭开泥版文字之谜，给世人一个崭新的说法。

可是，就在史密斯紧张地翻译时，泥版突然中断了。没有了泥版文字，他就无法继续翻译这个故事，也就不能揭开它的秘密。为此，史密斯非常焦虑，坐卧难安。这时，伦敦《每日电讯报》得知了他的研究发现，觉得这是一个很好的题材，于是资助他前往尼尼微发掘现场，亲自去寻找泥版。

1872年,史密斯漂洋过海来到了库容吉克山丘,一头扎进堆积如山的泥版石块之中,苦苦地寻觅着那些可能存在的泥版。功夫不负有心人,史密斯竟然找到了所需的泥版,一共有384块,尽管泥版残缺不全,却仍然让史密斯兴奋不已。

接下来,史密斯开始了更为紧张的翻译工作,他昼夜不停地翻译着,终于得到了泥版中讲述的关于洪水故事的全部经过。在后来发现的泥版中,他看到了尤特拿比利姆如何建造木船,如何带领家人和许多动物躲过洪水,死里逃生的故事。这个故事真是与《圣经·创世纪》太像了。至此,史密斯完全可以发表他的观点:无论是在尼尼微出土的泥版,还是在巴比伦出土的泥版,所使用的楔形文字都源于一种更加古老的文字!无论是古波斯文,还是巴比伦文,都不过是这种文字的变体。就是说,有一种更加古老的民族文化在美索不达米亚平原上曾经存在过,它才是整个人类文明的起源。

史密斯翻译的泥版文字是楔形文字。这种文字上粗下细,状如木楔,故名"楔形文字"。这个词来源于拉丁语,是 cuneus(楔子)和 forma(形状)两个单词构成的复合词。这个名称表达了古代美索不达米亚文字最本质的外在特征。

现代考古证实,在古代美索不达米亚,最初的文字外观形象只是一些平面图画,属于象形文字。随着社会的发展,人们要表达的事物愈来愈复杂,简单的图形无法再适应人们的需要,于是,苏美尔人对文字进行了改造,将象形文字发展成了表意文字。

在表意文字的基础上,苏美尔人又发展了文字符号的发音,用发音符号代替了表意符号。经过这些变化,苏美尔的文字体系逐渐完备。苏美尔人在简化象形符号的过程中,开始逐渐用楔形符号代替象形符号,在公元前2500年左右,最终创立了楔形文字。

最初楔形文字是从右到左自上而下直行书写的,这种书写方式的缺点是已写好的字符往往被刻字的手抹掉,后来就把字形侧转90度,改成从左到右的横行。

苏美尔语的语言体系独一无二,在字汇、文法及句法构造上自成一格,而苏美尔人发明的楔形文字是对世界文化的杰出贡献。

裴文中(1904~1982年),中国古人类学的重要创始人。1929年12月2日在周口店发掘出北京猿人第一个头盖骨。主要著作有:《周口店洞穴层含人化石堆积中发现的石英器和其它岩石的石器》、《周口店山顶洞文化》、《周口店山顶洞动物群》等。

普里阿摩斯财宝——文物

文物是人类在历史发展过程中遗留下来的遗物、遗迹。

在发掘特洛伊的过程中发生过无数的故事,而关于谢里曼夫妇发现普里阿摩斯财宝的故事则最为神奇。

这是1873年6月14日。早在几天前,谢里曼从倒数第二个古城遗址中看到了焚烧的痕迹和残留的城墙,他据此断定这就是特洛伊古城。尽管事后人们知道这个结论是错误的,可在当时,谢里曼还是感到心满意足,毕竟他已经证实了特洛伊的存在。他决定在6月15日结束发掘工作。

可是,6月14日注定要成为不平凡的一天。这天从清晨开始,天气就非常炎热,谢里曼夫妇为了躲避热浪的袭击,早早地来到发掘现场,打算趁没人时进行最后一次巡视。他们沿着熟悉的阶梯往下走,很快步入到距离地面8.53公尺的地方,这里是发掘出的第8层遗址,也就是谢里曼认为的特洛伊古城所在地。他们左右观望,察看着辛苦发掘的每一寸土地,似乎不忍就此离去。

突然,谢里曼盯紧了一个地方,身体猛地一颤,他抓住妻子的胳膊低声说:"金子!"

苏菲姬吃惊之余,有些莫明其妙,她望着丈夫,一时不知道发生了什么事情。

谢里曼急促地继续说:"快,你马上把所有工人都打发回家,今天不让他们上班了。"

苏菲姬显然还没有明白事情的真相,她不解地瞅着丈夫。谢里曼却等不及了,他急急地说:"你随便找个借口给他们放假,就说今天是我的生日。快去!"

苏菲姬执行了丈夫的命令,发掘现场只剩下谢里曼夫妇二人。当苏菲姬戴着红头巾赶回来时,谢里曼已经开始用小刀使劲地挖土了。这是一个充满危险的地方和时刻,谢里曼挖掘的地方是墙基,这里没有架设任何保护板,上面的泥土和石头随时都可能掉下来,砸在头顶身上,后果不堪设想。然而,谢里曼不顾这么多了,无价之宝给他增添了血气之勇,他一点也没有想到个人安危。

一件件宝物出现在谢里曼夫妇面前,他们惊喜交加。来不及细看,谢里曼对妻子说:"把你的头巾拿下来。"

这次,苏菲姬明白了丈夫的意图,她高兴地取下头巾,将宝物包裹起来。然后,他们顺着阶梯爬到地面,悄悄溜回附近居住的小木屋。在屋子里,他们打开头巾,将宝物一一摊开,看到了王冠、项链、手镯和金片、金钮扣等等。谢里曼动情地拿起耳环和项链,轻轻地为妻子戴上,然后盯着妻子喃喃而语:"海伦!"

是啊,《荷马史诗》中讲述的特洛伊战争就是因为海伦而起。海伦美丽绝伦,嫁给亚各斯人的国王墨涅拉俄斯为后,可是特洛伊国王的二子帕里斯路过斯巴达时,见到海伦,两人坠入情网。帕里斯不顾一切带走了海伦,并掠走斯巴达很多财宝。墨涅拉俄斯获悉后,求助于兄长阿伽门农,招集各国国王,前往特洛伊,从此开始了惨烈的长达十几年的特洛伊战争。最终,特洛伊城被毁,成为永久的历史。

谢里曼正是根据这段传说发掘特洛伊,如今,他看到美丽的妻子如同当年的海伦一样迷人,再加上数不清的财宝,真是令他心花怒放。

这次意外发现造成极大轰动，人们更加相信了特洛伊的存在，也坚信了谢里曼关于特洛伊的确认。谢里曼将这次收获的宝物称作"普里阿摩斯财宝"，将发掘的第8层遗址称作"普里阿摩斯人的宫殿"。

谢里曼的推断是错误的，这第8座古城遗址根本就不是《荷马史诗》中描述的特洛伊城，而是比它还要古老1 000年以上的古城遗址。谢里曼发掘出的无数财宝，是超越它们本身价值的珍贵文物。

按照国际惯例，文物是指一百年以前制作的具有历史、艺术、科学价值的实物。但目前，世界各国对文物的概念确定还没有统一标准，如希腊就把1450年作为文物的年代下限；在欧洲，一般是指古希腊、古罗马的文化遗物；在日本，称之为"有形文化财"，与中国文物近似，在涵义和范围上又有区别。

在国际社会，由联合国教育科学文化组织会议通过的一些有关保护文物的国际公约中，一般把文物称为"文化财产（Cultural Property）"或者"文化遗产（Cultural Heritage）"，二者所指的内容并不等同，前者是指可以移动的文物，后者是指不可移动的文物。

周　仁(1892～1973年)，冶金学家和陶瓷学家，中国古陶瓷科学研究工作的带头人。其仿制的古瓷器，有些甚至超越了古瓷的水平。著有《景德镇陶瓷的研究》等。

冰人奥兹——木乃伊

古代埃及人用防腐的香料殓藏尸体，年久干瘪，即形成木乃伊。

1991年9月，德国人朗特和约瑟结伴到意大利境内的阿尔卑斯山探险。夏季的阿尔卑斯山，风光旖旎，景色迷人，山巅上积雪半融，别样有趣。朗特和约瑟喘着粗气攀岩而上，渐渐有些支撑不住了，就坐在一块岩石上休息。

两人一边重重地喘着气，一边环顾周围景致。突然，他们不约而同地看到不远处的积雪下隐约露出一个人的肩膀。两人大吃一惊，立刻想到或许是哪个探险者遇难了。于是，两人对视一眼，匆匆赶了过去。

他们用手挖掘着冰雪，很快挖出了"遇难者"，只见他身体扭曲，脸朝下，头戴圆帽，身穿鹿皮外套，外面还有一件草编大衣，当然，他已经去世很久了。发现了尸体的朗特和约瑟很激动，他们赶紧联系当地警察，请求前来侦破案情。

很快，警察、法医就赶到了，他们在现场继续挖掘，试图为"遇难者"昭雪。可是，当他们挖出了更多物品后，"案情"变得越来越复杂了。原来，他们在"遇难者"身边找到了一张弓、十几支箭和一把铜斧。从这些物品和他的衣着来看，这不像是当代人，而像是古代人。而法医初步认定的结果更是令人吃惊：这是一具保存完好的冰尸，已有许多年历史。

为了进一步确定冰尸的历史，人们用直升机把他送到了德国的英斯伯拉克法医研究所。在那里，经过放射性同位素测定，人们得知，这冰人是5 300年前的古尸！人们震惊了，在此之前，虽然多次发现古尸，可最古老的木乃伊不过是

3 344年前的旦塔王古尸,与冰尸比起来,他还要年轻得多,从他那里只能了解到一些古埃及的文化,而从冰尸身上,则可以了解到史前的、新石器时代的文化。

自从发现冰尸后,人们对他的热情就从未间断。考古学家为他取名奥兹,并运用最新的科学技术证实了他遇难身亡的经过。从他携带的物品看,他可能是史前一名猎人或部落战士。高清晰的三维扫描图像显示,一个箭头在"冰人"左锁骨下面的一根动脉上撕开一个口子,从而造成大量失血,还诱发了心脏病,这是造成他死亡的原因。当他倒在山沟中后,在冰川寒风的吹袭下,尸体木乃伊化了,而终年不停的积雪一层一层地覆盖着他,最后完全变成了冰层,将他冰封在那里,直到5 000年后的今天,才被人们发现。

冰人奥兹是大自然的奇迹之一,是考古学重要的发现。他的发现,有助于人们更好地了解新石器时代,极大地满足了考古所需。今天,无数人依旧关心着奥兹冰人,探寻着他死亡背后的谋杀谜案,因此,他位居考古发现的十大木乃伊排行榜第二名。

木乃伊,即"人工干尸"。此词译自英语mummy,源自波斯语mumiai,意思是"沥青"。世界许多地区都有用防腐香料或用香油(或药料)涂尸防腐的方法,而以古埃及的木乃伊最为著名。

古埃及人笃信,人死后,灵魂仍然依附在尸体或雕像上,不会消亡,因此,他们用防腐的香料殓藏尸体,年久干瘪,就形成木乃伊。目前,在埃及发现的木乃伊数量最多,时间最早,技术也最复杂。古埃及木乃伊的制造过程大致如下:

首先从死尸的鼻孔中用铁钩掏出一部分脑髓,并把一些药料注到脑子里去进行清洗。然后,用锋利的石刀在死者侧腹上切一个口子,取出所有内脏,将腹部清洗干净,填充椰子酒和捣碎的香料,并且缝合。第三步就是把处理过的尸体在碱粉里泡70天,随后洗净尸体,将它从头到脚用细麻布包裹,并在外面涂上树胶。最后,尸体由亲属放到特制的人形木盒里,保管在墓室中,靠墙直放着。

木乃伊在考古学中地位重要,从它身上人们可以了解古代人类的体质特征、生活习性以及当时的文化、科技等多方面情况,因此,世界各地考古界对于它都十分重视。

陈万里(1891~1969年),江苏省吴县人。他将现代考古学的方法用在古陶瓷研究中,把田野窑址调查作为开展研究的基础,为中国陶瓷研究开拓了新天地。著有《瓷器与浙江》、《越器图录》、《中国青瓷史略》、《陶俑》等。

红色处女军——宝藏

宝藏一是指储藏的珍宝财富,多指矿产;二是指储藏珍宝和财物的库房或者地下洞穴等。

公元9世纪,是捷克历史的荣光时期,普热美斯家族已经统治这个地区百余年,女王丽布施及其夫普热美斯公爵创建了古老而美丽的布拉格城堡。此后,城堡历经扩建,成为欧洲最大最美丽的都市。

除了兴建城堡外,女王还组建了女子皇家卫队,用来保卫自己和皇宫的安全。这支卫队英勇善战,队长名叫普拉斯妲。普拉斯妲忠诚于女王,与女王感情很深。后来,女王去世,普拉斯妲不愿意再为国王普热美斯公爵效劳,便率领自己手下的女兵来到捷克北部的维多夫莱山,从此占山为王,创建了历史上赫赫有名的"红色处女军"。从此,普拉斯妲的传奇生涯开始了。

普拉斯妲天资聪颖,武艺高强,但她极端憎恶男人。为此,她组建的队伍中全是未结婚的女性,因此她的军队也被称为"红色处女军"。在她的带领下,"红色处女军"规模越来越大,最多时达到上千人。为了保证部队的给养,她率领军队离开了贫瘠的维多夫莱山,在迪尔文城堡建立起了自己的武装大本营。

随后,普拉斯妲的"红色处女军"四处打家劫舍,征收捐税,并推行自己的法律,俨然建立了一个国度。在这些法律中,大部分是用来制约惩治男人的规定。比如,不许男人佩带武器,不许习武,否则处以死刑;男人必须种地、做买卖经商、做饭、缝补衣服、干所有女人不愿干的家务活;女人有权选择丈夫,任何拒绝女人选择的男人都将处以死刑等等。

在自己的地盘上,普拉斯妲肆无忌惮地蔑视着男人,为了震慑他们,她有时会带着几名女兵,手持利剑和盾牌,赤身裸体地去市镇游逛,如果哪个男人胆敢朝她们看一眼,她们就会毫不迟疑地把那个男人处死。

终于,普热美斯国王再也无法接受她们的行为,决定出兵讨伐。依靠人数上的优势,国王的军队在维多夫莱山区采取突袭战术将处女军包围了。普拉斯妲率领战士们殊死抵抗,战斗异常惨烈,最终,女战士寡不敌众,一个个倒了下去。当剩下普拉斯妲最后一人时,她扔下了手中的盾牌,脱光了身上的衣服,仅仅拿着一把利剑,赤身裸体地冲进皇家军队,进行了她最后的拼杀。

普拉斯妲和她的处女军就这样被剿灭了。但是,她埋藏的一笔财宝却留了下来。原来,普拉斯妲跟随女王多年,见多识广,对王室的金银财宝了如指掌,加之她本人多年劫掠富豪,抢劫了不少的贵族城堡,聚敛起大量的金银财宝。在普热美斯军队到来之前,她早已预见到自己凶多吉少,于是在迪尔文城堡把大量的宝藏埋藏了起来。这笔财宝主要有金币、银币以及处女军战士不愿佩戴的大批珍贵的金银首饰,数量极为可观。

处女军被全部杀死之后,后人就想到了这批珍宝。有人不断地在当年她们活动的地区挖掘,试图找到她们埋藏的珍宝,但始终没有找到。普拉斯妲到底把它们埋藏到哪儿呢?这还始终是考古界的一大谜团。

在很多人眼里,考古就是寻找地下宝藏,而实际上,在多年的考古发现中,寻找宝藏也占据着重要成分。那么,什么是宝藏?当今世界上的宝藏之谜又有哪些呢?

宝藏一是指储藏的珍宝财富,多指矿产;二是指储藏珍宝和财物的库房或者地下洞穴等。很多存放珍宝的宝藏由于自然灾害或者其它原因,湮没到了地下,从此再也无人发现它们;也有很多珍宝本来就是主人埋藏到地下的,可是由于主人去世或者其它原因,此后再也无人前来发掘它们,这样一来,就形成了众多宝藏之谜。

1492年起,著名探险家哥伦布4次远涉重洋,赴美洲寻宝探险,使得这一冒险的活动成了一种时髦,从而引发了世界各地的寻宝热潮。目前,世界上沉没于地下未被发掘的宝藏依然很多,其中最著名有10处,它们是洛豪德岛的海盗遗产、古印加王国地下陵寝的宝藏、金银岛上埋藏的秘密、"圣荷西"号沉船的珍宝、西班牙"黄金船队"的珍宝、亚马逊密林的黄金城、普鲁士国王的琥珀屋、加州金矿、橡树岛的钱坑宝藏和亚利桑纳州金矿。

安托夫·班德利尔,美国银行家,探险家,从1880年起,历经10年时间访问了南美洲167座废墟遗址,发现了托佛利爵峡谷的悬崖式建筑群,为了纪念他,后人将此改称班德利尔国家考古纪念公园。

陶碑证实赫梯文明
——地层学原理

地层学原理指的是不同时期形成的文化层和遗迹单位，按时间早晚，自下而上地依次堆积而成。

雨果·温克勒是德国柏林大学专门从事巴比伦和亚述楔形文字研究的专家。1905年，有人将一块在巴卡科依发现的陶碑送到他那里，希望他能破译上面的文字。

温克勒接到陶碑后，被上面无人知晓的文字吸引，决心揭开其中的秘密。第二年，他在君士坦丁堡奥斯曼博物馆的一位土耳其官员帮助下，亲临巴卡科依进行考古发掘。

与大多数考古者不同的是，他的目的非常明确，就是发掘更多陶碑。所以，在他的主持下，人们看到了这样一副发掘场景：温克勒舒适地坐在树荫下，任凭花钱雇来的农民随意挖掘。他告诉他们："只要找到陶碑就行了。"这样一来，发掘工作对于现场的破坏可想而知。

在当时，考古学已经基本成熟，大多数考古者都意识到，地层学是一个很有用的工具,遵循地层学原理可以比较有序地发掘现场。这样的道理显而易见:埋藏得深的年代久远,埋藏得浅的更接近于现代。但是,要遵循地层学必须做到小心细致,在每一层发掘现场,都要进行科学记录。可是如今,温克勒只是寻找陶碑,对于科学发掘毫不关心,没有兴趣。

然而,这种简单粗糙的发掘依然有了结果。一天,温克勒收集到了一大堆陶碑,他定睛一看,立即惊讶地说:"这些陶碑和以前的不一样。"原来,此次发掘出的陶碑上写着巴比伦文字,这是他认识的一种文字,而以往的陶碑文字他根本没有见过。

两种陶碑的出土让温克勒心情激动,一直以来,考古界都在猜测:赫梯人曾经在巴卡科依创造过文明。出土的陶碑能否说明这个问题呢?温克勒猜测着、观察着。1906年8月20日,当他坐在树荫下沉思时,一位挖掘者走过来递给他一块新出土的陶碑。温克勒接过来看了看,这是一块写着巴比伦楔形文字的陶碑,他仔细地辨认一番,立刻惊喜地叫起来:"埃及法老和赫梯国王签署的和平协议!"他知道,这块陶碑的出土足以证明赫梯文明的存在,与这块新出土的陶碑比起来,以往的所有发掘都变得毫不重要了。

原来,这块陶碑上记载了埃及法老拉美西斯二世和赫梯国王赫突斯里于公元前1270年签署的一项和平协议。这是国家最为重要的文件,一般来说应该保存在国家官方的档案馆里。因此,这块陶碑的出土说明巴卡科依正是人们长期找寻的赫梯人首都。据此,考古界终于确定了赫梯文明的历史,它就在土耳其这块土地上。

此后,温克勒和马克利蒂一直在巴卡科依废墟遗址上挖掘陶碑,他们一共发现了一万块陶碑和它们的碎片。对于温克勒来说,他虽然发现了赫梯首都,但却始终没能达成个人心愿——他终生未能破译赫梯人语言。

温克勒虽然取得了一定成果,但他违背考古地层学原理的发掘工作也给人们留下深刻印象。那么,考古发掘中应该遵循哪些地层学原理呢?

(1)不同时期形成的文化层和遗迹单位,按时间早晚,自下而上地依次堆积而成。也就是说,晚期的东西大多压在早期之上;

(2)同一文化层和同层遗迹单位的形成和遗留形式不是水平的。这就是说,这些遗迹、文化不是厚薄均匀地叠在一块,而是高低起伏、千姿百态的;

(3)次生堆积会形成早、晚颠倒的倒装地层。次生堆积相对于原生堆积,指经过后来翻动再形成的堆积层。由于各种原因,可能造成原生堆积位置变化,从而产生倒装地层现象。

莱 尔(1797~1875年),英国地质学家。提出"将今论古"的现实主义方法论原理和渐变论思想,著有《地质学原理》,这是19世纪有关地质进化论的经典著作。

陶器整理——类型学作用

类型学是以事物的发展变化必然遵循一定规律的基本理论为基础，透过对文化遗存形态的分类排比，探索其变化规律，推断考古学文化的分期、年代、文化属性以及与其他文化关系的方法。

苏秉琦是著名的考古学家，25岁时就主持了陕西宝鸡斗鸡台沟东区墓葬的发掘工作。墓葬发掘历来是考古学的重头戏，这次历时几年的发掘收获颇丰，出土了很多古物。其中陶器数量巨大，种类很多。

出土的陶器需要整理保存，参与考古的人员大多没有专业知识，因此整理工作就由苏秉琦完成。面对着各式各样的陶器，苏秉琦一时也不知如何整理，只好按部就班地一件件处理着。

整理工作进行了一段时间，苏秉琦发现出土的陶器同现代物品一样，也是各具特色的，很多陶器属于同一类型，而同一类型陶器中又有着一定演化顺序。这一发现让他格外高兴，他立刻联想到北欧学者创立的考古类型学，于是，他将陶器先区分不同的类，再在同一类中寻找演化顺序。经过这样分类整理，出土的陶器得以科学有序地安置。

有一次，一位考古人员协助苏秉琦工作，发现他整理的陶器井井有条，就故意给他打乱了顺序。苏秉琦看到后，并没有责怪他，而是很快就按照自己的理论恢复了陶器顺序。那人看了，惊奇地说："没想到，你能这么快区分这么多陶器，真不简单！"

苏秉琦笑着说："这有什么，只要按照科学方法整理，再多陶器也能整理得井然有序。"那人听了，十分佩服，当即拜苏秉琦为师，请他教授自己整理陶器的知识和方法。

苏秉琦并没有沉溺在陶器整理的成果上，而是在此基础上，进一步发展了北欧学者创立的考古类型学。他在《洛阳中州路》一书中，将260座东周墓的每一个墓当作一个整体进行分型、分式，找到了它们的演化顺序，发现了墓主身份之间的差别，这样一来，考古类型学上升到了探索人们社会关系的高度。

除了进行文物分型外，苏秉琦还提出了考古学文化的区域类型划分方法。他在《关于考古学文化的区系类型问题》一文中，对中国的新石器文化及部分青铜文化做了全局的归纳和划分其区域类型，提出了考古学文化的区、系、类型理论。这一理论无疑是考古学发展的重要体现，也是考古工作不可缺少的理论基础。

类型学是考古学的基础理论和方法之一,也称做器物形态学、标型学和形制学。它以事物的发展变化必然遵循一定规律的基本理论为基础,透过对文化遗存形态的分类排比,探索其变化规律,推断考古学文化的年代、分期、文化属性以及与其它文化关系。类型学在分析整理资料中很常用,其作用如下:

(1)确定遗迹和遗物的相对年代。通过分类排比,自然可以弄清物品的形态变化顺序,也就可以确定某一器物或者遗迹的相对应年代;

(2)确定遗存的文化性质。时间、空间和文化内涵是遗存的具体内容,了解了这些知识,自然可以把握某个遗存的文化特征;

(3)为分析社会关系打好基础。对某一文化遗存的类型学分析往往可以探求出相关时期人们的各种关系。

苏秉琦(1909~1997年),中国近代考古学开创者之一,是中国考古类型学的奠基人,主要著作有《洛阳中州路》、《关于考古学文化的区系类型问题》、《国家起源与民族传统(提纲)》等。

第二编

考古学方法

牧场主滥采废墟——发掘方法

考古界通常采用的发掘方法有四种：漫掘法、深坑法、打格分方法和打格分平面延伸法。

1888年冬天，科罗拉多州的一位牧场主理查德·维士利尔在放牧时意外发现了一处废墟遗址。这片废墟位于悬崖边，是一层层崖屋建筑，已经有600年无人光顾此地了。

维士利尔非常激动，他早就听说发掘废墟可以带来横财，因此，他趁着天色未晚进入崖屋之内，一间间搜寻着。果然，他在屋子里找到了很多文物，它们静静地躺在那里，几百年来无人知晓。

当维士利尔带着搜集的一批文物赶回家中时,全家人惊喜交加,在他们看来,这是上天赐给他们发财的机会。于是,全家人都行动起来,分批赶往悬崖边的废墟遗址,一次次搜索其间的文物,将它们归为己有。

冬天过去了,维士利尔全家搜集的文物已经不少了。开春时节,他们带着文物赶到丹佛,卖了3 000美元。这可不是个小数目,家人自然分外得意。接下来,他们更加投入地到废墟去搜集文物,到1893年,5年间他们先后出售了4批文物,其中既有陶器、工具、绿松石珠子,还有木乃伊。

维士利尔搜集废墟文物的事情引起了一个人的注意。这位学者拜访了他,向他打听有关废墟的事。此时,维士利尔已从当初的唯利是图转而对废墟产生了兴趣,他饶有兴致地向学者介绍废墟的情况,还向他请教有关考古的知识。学者告诉他:"发掘废墟必须懂得地层学这一概念,必须了解土地表面层次和文物年代之间的关系。只有这样,才能正确地发掘废墟。"

维士利尔对这一说法很感好奇,他挠挠头皮说:"我也请求过史密索宁博物馆和哈佛大学的皮波蒂博物馆提供科学的指导,不过遭到了他们的拒绝。在我看来,那片废墟应该是印第安人留下的,应该有更重要的意义。"

学者当然非常关心这一点,他开始详细地向维士利尔介绍地层学理论,可惜的是,这位学者很快离开了,维士利尔也就失去了学习更多知识的机会,这也注定了他不可能成为一名好的发掘者。

又过去了两年,从文物中牟取到不少利润的维士利尔开始考察查科峡谷。这时,他已经颇有名气,因此美利坚自然历史博物馆和一家纽约来的富裕家庭愿意出钱支持他的发掘活动。不久,维士利尔带领考察队在波尼托村落动土了。当时波尼托是查科保存得最好的村落之一,可是从维士利尔到其他挖掘

者，无一人懂得考古方法，因此，他们在发掘地到处搜寻、随意挖掘，找到了几十件陶器和几千个绿松石制品，很快，他们又挖开了几处墓室，取出了其中的弓箭、珠宝首饰和其它物品，并分别将这些文物据为己有，以高价卖出去。

1900年，此地缺乏科学指导的发掘工作终于引起科学界和政府的注意，国家终于下令禁止维士利尔继续挖掘。1907年，美国政府宣布查科峡谷为国家考古公园，此后，那里的考古工作必须在批准的情况下才能进行，而发现者和破坏者维士利尔则在三年后因为和人争夺马匹被人开枪杀死，安静地躺在了波尼托村落的墓地里。

维士利尔在废墟遗址滥开采的活动，是缺乏科学指导造成的。那么，什么是正确的考古发掘？通常使用的考古方法有哪些呢？

发掘是调查的继续，而且是很重要的一步。透过发掘可以了解遗址的文化面貌、地点性质，这是发掘的主要目的。科学的发掘工作可以再现遗迹原貌，是建设性的一面；可是不科学的发掘可以使本来埋藏在地下的旧石器文化遗址不再存在了，这是破坏性的一面。所以，在发掘中应该尽可能多地恢复原貌，极力避免盲目的发掘，把破坏性的一面减少到最低的程度。要做到这一点，就需要科学的方法。

目前，考古界通常采用的发掘方法有四种：漫掘法、深坑法、打格分方法和打格分平面延伸法。其中漫掘法用于仅有零星的遗物或者化石，周围再无其它遗物和遗迹时，这时的考古目的只要求完整无损地把标本取下来。但是漫掘法要严格控制，不能随便扩大使用。而深坑法则用于遗址或地点遗物比较密集，暂时弄不清地层关系和平面分布的情况时，可以先打一条探沟，一般以 2×1 公尺为宜，在弄清堆积物的地层关系后，可采用打格分方法或者打格分平面延伸法。

林沄，1939年2月生，上海市人，考古学家、古文字学家和历史学家，主要论著有《从武丁时代的几种子卜辞试论商代的家族形态》、《古文字研究》第1辑、《甲骨文中所见的商代方国联盟》、《古文字研究》第6辑等。

惠勒发掘少女城堡——方格

"惠勒的方格"法是把遗址划分为若干块，方块之间留有隔障的系统方法。

惠勒是英国考古学家，从1926年起担任伦敦博物馆负责人，也是在这一年，他接受了对罗马古城多塞特郡少女城堡的发掘任务。

长久以来，考古学家在发掘遗址时，往往由于方法不得当造成很多损失，或者使发掘工作不能顺利进行。惠勒作为颇有成绩的考古学家，当然深知这些问题的严重。现在，如何科学有序地发掘多塞特郡少女城堡，成为他心头最大的难题。

经过深入细致的调查研究，在了解城堡的历史和周围环境的基础上，惠勒决定采用新方法展开发掘工作。这个方法就是在全面发掘以前，先挖一个探沟，以了解遗址的地层堆积情况，然后进行网格式的布方，以探方为单位进行发掘。

这个决定得到了随同人员的一致赞同，大家认为："采取网格布方，可以在同一时间、同一平行的层次上展开发掘，这样就能对考古的层次序列提供一个永久性记录，避免以往发掘中出现的很多问题。"

为了使发掘更科学，惠勒还规定在每个探访的四边都进行详细地勾画，通过保留的探方壁和关键柱来显示地层堆积状况。

在惠勒的指导下，多塞特郡少女城堡的发掘进展顺利，取得了很大成功。

结果,这个方法很快传扬出去,被考古界所认可,人们亲切地称呼它为"惠勒的方格"。其后,经过很多考古学家不断完善和发展,这个方法成为了现代考古发掘的主要方法。

"惠勒的方格"法是科学发掘的重要方法,是把遗址划分为若干块,方块之间留有隔障的系统方法。自从惠勒发明使用以后,这个方法经过很多考古学家发展和完善,逐步形成现在所说的"打格分方法"和"打格分平面延伸法"两种模式。

打格分方法:在探明遗物垂直分布后,将遗址打格分方,目前常用的每方为 2×2 米,每人负责若干方,进行发掘,在每个方相接处,最好留一米隔梁,以便将来对接地层剖面。

打格分平面延伸法:为了全面揭露遗物的埋藏情况或某一遗存,如房基等的整体结构,必要时可打破方格,平面延伸出去,及至大的遗物或遗存的全部露出为止。这也是在特殊状况下才使用的方法。

惠　勒(1890～1976年),英国考古学家。曾在英格兰、威尔士等地从事考古发掘,对印度河流域文化的发掘卓有成就。惠勒在田野考古和考古学术研究方面均有所创建,并作了普及考古学的电视讲座。主要著作有《印度河文明》、《早期的印度和巴基斯坦》等。

埃及艳后的皇宫——水下考古

各种高科技手段相继应用，使水下考古取得长足进展。

"埃及艳后"克丽奥佩特拉是历史上诸多赫赫有名的女性当中的一位焦点人物，她是埃及托勒密王朝的末代女王，从公元前51年开始统治古埃及，凭借其美丽的容貌和聪明的头脑保全了一个王朝，与强大的罗马帝国的帝王们有着千丝万缕的感情瓜葛。公元前31年，阿克兴之役战败后，屋大维进军埃及，她自知大势已去，自杀身亡。关于她的故事，在野史、传说和文学作品中屡见不鲜，引人注目。可是，多少年来，有关她的文物资料却少之又少。

2 000年后，一位叫弗兰克·高狄欧的探险家从古人的一篇记录中了解到了"埃及艳后"皇宫位于亚历山大港湾，不过，这座皇宫在艳后去世400年后的海啸中沉没了。出于对这位女王的好奇，高狄欧激起了到海底深处搜索她的宫殿的愿望。

1997年，高狄欧经过充分准备，组成了一支由考古学家、潜水员的考古探险队，来到了亚历山大港湾寻找沉没的艳后皇宫。

水下考古历来困难重重，在浑浊的海水中，潜水员的视线范围几乎不会超过2公尺。而且，最微弱的水波振动，就能扬起沉积数世纪的淤泥。所以，先进的设备和高超的技术是必备的。为了确定皇宫的位置，高狄欧小组运用了各式感应器材来探测海底的地形、扫描海岸,观察地球磁场的变化以推测海底暗藏的结构。这些仪器的运用让他们可以轻松绘制出沉没的码头与古港的简图。

很快,埃及就进入了炎热的夏天。酷暑时期海水的颜色变得深重,根本无法进行勘查。为了方便探测,高狄欧为潜水员们装备了一种新的科技产品,它可全球定位卫星的信号,协助潜水员确定方位。这种定位仪效果非常好,他们很快确定了遗址的经纬度,误差在1.5公尺以内。高狄欧高兴地说:"我们能精确地确定古堡的位置与轮廓了。"

确定了遗址位置,高狄欧小组很快找到了失落的世界。他们绘制的亚历山大港湾的地图显示了皇宫所在地——安堤荷德岛。搜寻目标缩小后,接下来的寻找就明确了很多。考古队员很快在水底找到了两大排木桩。这些木桩是古代码头的地基,大约在公元前四五世纪就存在了,也就是说,早在埃及艳后之前,码头便已存在。既然木桩能保存这么多年,那么埃及艳后之城应该也还沉睡在这海底。

果然,顺着木桩继续搜寻,他们找到了相关的建筑,还在沉岛西南角的遗迹上发现了一系列的大石柱,这些石柱都是由埃及红花岗石凿制而成。渐渐地,他们发现了更多的巨大石块和木造地基,那些石头上刻着的象形文字告诉他们这就是埃及艳后的皇宫,两千多年前,她曾经从这长长的通道走过。这深埋于海底的宫殿终于被人们发掘出来了。

近些年,考古的巨大突破很大程度上都要感谢高科技手段的运用,特别是水下考古,基本上是依靠科技手段来进行的。

水下考古与陆地考古一样,作业前必须详尽了解发掘目标和水下环境。为此,第一步应该大规模地搜索定位,第二步应该了解水流、水深、水下能见度和海底构造等方面的情况,尤其是工作地域的天气情况。

  如今,各种高科技手段相继应用,水下考古已经取得了长足进展,比如卫星可以拍摄水下考古地点的高清晰照片,全球卫星定位系统也使水下考古定位变得简单了。另外,考古者还可以借助声呐设备在大范围内寻找沉船或水下居民遗迹;使用浅底地层剖面仪了解海底情况;使用核磁共振设备相当精确地探测地球磁场的变化等。总之,高科技的运用使得考古人员可以进入更深的海底进行作业了。

多米尼格·维万·德农,法国画家、作家、交际家,跟随拿破仑远征埃及期间,对埃及的景观和遗存进行了大量绘画,留下无数画稿,后人根据此编著了《埃及记述》一书,是研究古代埃及的重要资料。

加迪夫巨人——文物鉴定

文物鉴定,就是运用科学方法分析辨识文物真伪、年代、质地、用途和价值的工作。

这是1869年夏天的美国纽约加迪夫村。某个星期六,本村村民从地底下挖出了一个巨大的石人,高达3.15公尺,体重约1500公斤。巨人的出现轰动了整个纽约。第二天,无数好奇的人涌向加迪夫村,前来观看出土巨人。

这时,发现巨人的地方竖起了牌子,上面写着:请看加迪夫巨人,每人50美分。原来,有人看到了其中的商机,打算通过巨人发财。人们抵制不住巨人的诱惑,纷纷解囊而进。这些人中有4名牧师,他们望着牌子,有些无奈地说:"我们是附近教堂的牧师,是上帝忠实的仆人,能否给予我们优惠呢?"

负责收钱的人倒也大方,他说:"好吧,对折优惠,你们每人交25美分就行了。"

4名牧师一听,高兴得连连表示感谢,付过钱后匆匆进去了。

当他们观看完巨人走出来时,激动之情已然挂在脸上,他们边走边说:"真是了不起啊,这里的巨人就是《圣经》上所说的巨人的化石!"他们觉得,加迪夫巨人的出土,证明了《圣经》内容的真实性。

听到他们的言论,有人不解地问:"你们怎么知道相像呢?这个巨人与《圣经》上的巨人哪里相像?"

牧师盯着问话的人，不紧不慢地答道："《圣经》里虽没有说明巨人的身高，但是我们一代代牧师都知道，巨人身高在3～4公尺之间，与出土的巨人相似，难道这不是证据吗？"

听到这句答复，很多人点头回应："对啊，对啊，牧师们总是说《圣经》里的巨人身高在3～4公尺之间。"

这一下，在场的人们更加信服加迪夫巨人了，认为它就是《圣经》中巨人的化石。经过这么一番折腾，出土巨人的消息很快传遍了整个美国。这不但引起普通人的好奇，也震惊了科学界，不少科学人士来到加迪夫村，试图对巨人进行鉴定。

可巧的是，具有国际声望的化石专家玛斯教授与当时美国最著名的化学家希利曼教授连袂对加迪夫巨人的鉴定表明，加迪夫巨人是史前人类的化石！针对如此有威望的论断，学者们展开了激烈的争论，讨论人类起源。在这些狂热的科学人士中，只有一人头脑冷静，他就是怀特博士，他坚持认为："加迪夫巨人是一个经过加工的现代石膏像。"但是，他个人的声音太微弱了，在当时那种场合下，几乎没有引起他人关注。

而在这时，加迪夫巨人引发的商业时机更是势不可挡。一个财团以4万美元的高价买下加迪夫巨人75%的股份，并把它运到纽约市展览，意图赢取高额回报。这还不算什么，当加迪夫巨人运往纽约时，另一家财团别出心裁，请人仿制了一个加迪夫巨人,也张贴广告准备展览,并声称自己的加迪夫巨人才是真的。

于是,两家财团之间围绕加迪夫巨人展开了诉讼,这场诉讼也成为一次极好的广告宣传。在此影响下,纽约人跃跃欲试,都想亲眼目睹加迪夫巨人的身姿。结果,法院不得不决定再一次对加迪夫巨人进行鉴定。

这次的鉴定人员是解剖专家霍尔莫斯,他为了观看巨人内部构造,在它的耳朵后面钻了一个小洞。当小洞打通后,一切真相大白:加迪夫巨人不过是一座石像,并非是史前人类的化石。

这个鉴定结果引起轩然大波,无数人追问着:"是什么人制造了这个石像?他为什么把它埋在加迪夫地下?他到底想干什么?"

在记者的追踪下,事情的来龙去脉最终得以大白于天下。原来,雪茄制造商弗尔自幼熟读《圣经》,对其中的内容了如指掌。有一次,他去教堂听牧师布道,发现牧师对《圣经》中的巨人胡乱解释,他十分不满,就向牧师提出问题。然而,对于他的提问,教徒们很不理解,对他白眼相向。这让弗尔非常尴尬和气愤,他怨气难平,便决定制造一个假巨人来嘲弄牧师和教徒们。于是,他购买了一块石膏石,请人雕刻成巨人的形象,并用榔头在巨人表面敲出类似皮肤上的汗毛孔。为了使得这个巨人逼真,他还用硫酸腐蚀巨人像,使它看上去古色古香,仿佛在地下埋了许多年一样。

制造完毕后,弗尔说服了他的表兄,制造了石像被挖掘出土的假象。为了赚取观看费,他的表兄同意了他的做法,于是,便有了故事开头的那一幕。

这是一场人为炮制的不折不扣的闹剧,却提醒了我们考古工作中文物鉴定的重要性。所谓文物鉴定,就是运用科学方法分析辨识文物年代、真伪、质地、用途和价值的工作。

　　文物鉴定的具体方法很多,基本方法可归纳为传统方法和现代科学方法。传统鉴定方法包括比较和综合考察两个方法。其中比较是鉴别的基础,没有比较就没有鉴别。长久以来,考古界一直采用比较的方法鉴别文物。比如文物藏品鉴定时,可以选取已知真伪、年代的同类文物做标准,将它与需要鉴定的文物对比、分析,找出两者之间在形制、质地、花纹、工艺等方面的相同与不同之处,作出科学判断。而综合考察则是透过调查文物本身,结合文献资料,总结同类文物的一般规律,对鉴定对象进行综合考察、分析、判断,达到鉴定文物的目的。现代科学技术鉴定法则主要是运用现代科学技术对文物进行分析鉴定。

赵　超,1948年生。主要从事古代铭刻学、汉代画像研究、出土文献研究与有关佛教艺术考古的研究等工作。已出版论著有《盛世佛光》等二十余部,论文近百篇。

皮尔当人骗局——鉴定要求

文物鉴定要求通过鉴定，准确判明文物的真伪、年代；通过对文物的综合研究，分析文物的形式和内涵，准确评定其历史、艺术、科学价值的高低。

进化论自问世以来，一直有着缺失的一环，人们一直找不到从猿进化到人的中间化石，无数的学者都希望能在此有所突破，却一直没有发现。

1912年12月，皇家地理协会举行会议，会议上，学者道森讲述了自己的一段发现历程。4年前，他从皮尔当砂石坑的工人那儿得到一片颅骨的碎片。之后他多次探访当地，陆续发现了更多的碎片。他觉得这些碎片有些奇异，就把它们拿给大英博物馆地理学部门主管阿瑟·史密斯·伍德沃观看。伍德沃对这些碎片也很感兴趣，于1912年7月跟随道森一起去了皮尔当，在那里，他们找到了更多颅骨和下颚骨的碎片。

两人带着碎片回来后，进行了拼对和重建工作。结果令他们大吃一惊，重建的头颅除了枕骨和脑容量外，在许多层面上类似现代人。随后，他们检查了仅有的两颗类似人类的臼齿碎片，发现它们与黑猩猩的臼齿差别不大。这些发现让他们得出一个结论：皮尔当曾经存在过一种人类，这种人类介于人和猿猴之间。他们还详细地分析了皮尔当人的头颅情况，认为他们的脑容量是现代人类的三分之二，与人近似，而下颚骨却与猿猴更接近。

道森讲述完毕，伍德沃出面宣布了结果，他说："根据大英博物馆的复原颅骨，我们可以确定皮尔当人代表了人和猿猴之间失落的环节。"

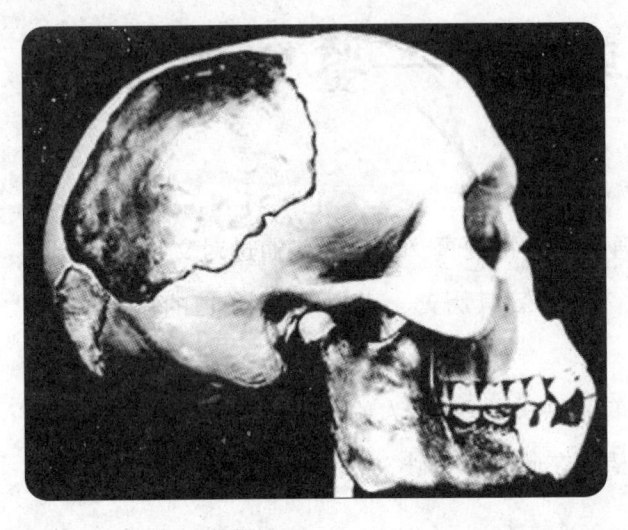

毫无疑问,道森和伍德沃的发现会引起很大的轰动。会议结束后,一方面在英格兰流行起人类演化从脑袋变大开始的说法;另一方面,关于皮尔当人的复原头颅受到了强烈挑战。有学者利用相同碎片的复制品进行了复原工作,他们发现这不过是一个脑容量和其他特征皆相似于现代人的模型,并非一种新发现的人类头颅!

尽管指责不断,道森依然坚持自己的观点,并在3年后又在皮尔当发现了第二具颅骨。他希望借此反驳他人,巩固自己的理论。

然而,人们不难发现,在皮尔当的发现地点,从没有过有关出土物的记录文件,而且,这之后伍德沃也再没有去过皮尔当。

这件颇受争议的事情就这样持续地受人关注着。直到1953年,事情的真相才被彻底揭露。这年,大英博物馆的工作人员出面宣布,皮尔当人头颅是赝品,是用中古时代人类颅骨和一只五百年前沙劳越红毛猩猩的下颚与黑猩猩的牙齿化石组合而成的。他们还详细地说明了这个合成品的来历:造假者首先敲掉了下颚骨的尾端,并将下颚上的牙齿锉平,然后再把人头颅骨和猩猩的下颚和牙齿组合在一起。因为,"透过显微镜,可以清晰地看到牙齿上的锉痕。"另外,还有一件令人哭笑不得的证据,这就是在骨头旁边曾经有过一个"工艺品",当初,科学家认为这是一种工具或者骨架的一部分,可是经过科学鉴定,这不过是一支板球球棒!

一切真相大白。关于皮尔当造假案,人们除了指责造假者外,也在深深地思考另一个问题:为什么如此简单的拼接就能瞒过诸多科学家?让那么多人相信了它?

一场骗局也许更能考验文物鉴定的准确度。文物鉴定是一项科学研究工作。它研究的对象是各种文物,这些文物形态各异、内涵复杂、时代不同,因此,对它们进行鉴定必须做到具体、细致、严密和求实。

具体地讲,文物鉴定的基本要求包括6方面内容:

(1)文物鉴定应该遵循科学客观的态度和方法,从认真调查研究入手,对它的真实性和科学性做出判断;

(2)应该明确文物的真假和年代;

(3)透过分析文物的形式和内涵,明确文物的价值;

(4)文物鉴定者要有渊博的知识,掌握科学的鉴定方法;

(5)文物鉴定必须实事求是,不能弄虚作假;

(6)应该做好鉴定的资料准备,写出鉴定意见。

阿瑟·伊文思爵士(1851~1941年),英国考古学家。1884~1908年担任阿什莫尔博物馆的馆长。他最大的成就是对迈诺斯文明的考察,并总结在四卷本的 The Palace of Minos at Knossos 中。他对线性文字 a 和线性文字 b 的解读也做出了很大贡献。

考古学方法

博塔发掘尼尼微——记录

考古发掘要有详细的记录,将发掘时所观察到的一切有关现象都记录下来。记录分为文字、绘画和照相三种。

1840年,法国人博塔来到了摩苏尔,他在当地市场上看到不少人出售各种古代器皿,这引起他的好奇心。很久以来,他有一个想法,试图寻找《圣经》中的尼尼微。如今,他就站在《圣经》中描述的尼尼微所在地,面对摆放在眼前的古代器皿,这一想法越发强烈了。

于是,博塔向出售者打听器皿的来历,答案非常有意思,那些出售者多半耸耸肩膀,懒洋洋地说:"这种东西到处都有,只要你留意,随处可以找到。"

这样的回答更加激发了博塔的好奇心,他回去后组织一帮人马开始了四处找寻古代器皿的工作。不久,他们打听到了一个叫做库云吉克的土丘,据说这里曾经出土过很多器皿。博塔带着他的人马投入到发掘工作中,他们日夜不停地挖掘着,整整挖了一年。不幸的是,一年辛苦只换来了几块破损的雕像残片,和一些刻着莫明其妙文字的碎砖头!看着这些不起眼的东西,博塔非常失望,甚至有些后悔。

这天,博塔蹲在库云吉克土丘上长吁短叹,不知道是否应该继续发掘下去。就在这时,远处跑来一个当地人,他走到博塔身边说:"听说你在搜集古物,在我们村子附近,有一个叫科尔沙巴德的地方,那里有很多刻

着字的砖头，我们都用它垒炉灶。"

"真的吗？"博塔瞪大了眼睛问，"你说的是真的吗？"看来，他对于这个人的说法有些怀疑。

那人呆呆地看着博塔，重复着说："是，我们都用那些砖头垒炉灶，不信你去看看。"

尽管博塔受了很大打击，可他还是不想错过任何一次机会。"碰碰运气吧"，于是他派几个助手跟随那人去了。

这次，幸运之神眷顾了博塔。那些助手去了一个星期后，匆匆回来汇报："我们到那里后，第一铲下去就发现了一段墙壁。我们清理了墙壁，看到上面有许多图画和雕刻。随后，我们在墙壁附近发现了石雕。"

博塔闻讯，真是喜出望外，他连忙带着所有人赶往科尔沙巴德。在那里，他们看到了各种各样的图像，有蓄胡须的男子，还有长着翅膀的野兽。这一切与他在埃及见到的一模一样，而与当时欧洲出土的图像毫不相同。这些图像似乎在说明一个问题，这里就是《圣经》中提到的尼尼微的亚述王宫。

为了更快地证实自己的推断，博塔带领人马继续发掘，并且详细记录着发掘所见，他要让世人看到，亚述王宫重现于世了。

在大量发掘的基础上，博塔向国内报告，声称自己发现了尼尼微的亚述王宫。这一消息公布后，立即轰动了整个欧洲。因为这一发现足以证明，在美索不达米亚平原上曾经存在过一种与埃及文化同样古老，甚至更古老的文化。

其实，博塔发现的并非亚述王宫，而是其他城市。然而，他的这一发现同样意义重大，因为他证实了尼尼微的存在。在他发掘的基础上，依靠着他的发掘记录,后人找到了真正的亚述王宫遗址。

考古发掘时,必须进行必要的详细记录,这些记录可以将发掘时所观察到的一切有关现象都记录下来,以供其后的分析研究。发掘记录分为文字、绘画和照相三种。文字记录包括发掘地点、时间、地层划分等内容;绘图记录包括各探方或探沟的剖面图、遗迹分布图等;照相可以客观地记录遗址发掘前后的地貌情况、遗物的出土情况等。

根据记录对象不同,记录的内容也不同。比如陶片记录,一般陶片的记录相对简单,只要在盛放这些陶片的器皿内外放置标明探方或探沟及层位的标签就行了;而重要的陶片,则要采用坐标记录法进行测量和记录。

> 普洛特,英国人,1677年他编写了一本关于牛津郡的自然历史书,其中记录了一块腿骨化石的插图,这是人类最早发现的恐龙化石。

行伍中的画家——考古测绘

在实际考古活动中,通常运用的测绘技术包括数字摄影测量、电子全站仪测绘和卫星定位技术。

1849年,美国政府派遣部队前往新墨西哥州西北部的那伐鹤地区,打算降服当地的印地安人。跟随部队前行的还有一位熟谙测绘技术的上尉,他叫杰姆斯·亨非·曾参,随行的目的是测绘沿途路线、绘制地图,保障军队运输和铁路修建。为了完成任务,曾参还带上了两位助手,他们是理查德·肯和理查德·尼德兄弟,两人都是绘画艺术家。

部队出发后,找寻到了那伐鹤印地安人在查科峡谷的藏身之地,并一举将其击败。接着,他们挥师西进,打算攻击其它地方的印地安人。在战斗过程中,曾参和理查德兄弟对身处的环境产生了浓厚兴趣。他们在查科峡谷发现了许多古老建筑,这些建筑由巨大的暗红色石头修成,虽然已经风化,但却让它们与周围环境融为一体,看上去那么迷人,那么震撼人的心灵。

曾参和理查德兄弟似乎忘记了随行的任务,他们在古老的建筑群中奔走着、测绘着、勾画着,一幅幅草图勾勒出了他们所见的各种景象:这是一条长达10英里的峡谷,沿着峡谷屹立着一连串村落的废墟遗址。谷底是较大的村落,谷壁上是一些较小的建筑群。很明显,每一个村落都是单独成立的,由许多建筑构成,少则十几间,多的有上百间。

当曾参和理查德兄弟在古建筑群中忙碌时,他们没有想到,他们正在完成着 19 世纪众多最伟大的考古发现中的一件，这里是美国土著居民的古居地，今天的考古学家称这些土著居民为安纳沙兹人。

除了绘制草图外，曾参还到废墟遗址当中仔细观看建筑的修建情况，他发现，这些建筑都是由砖形石块垒成的，这些石块拼接得十分整齐，看上去非常完美。这让曾参深感震惊，他不知道古代人们是如何完成这一壮举的。他动情地说："他们用了多长时间将这么多石块打磨得如此完好？"

带着查科废墟遗址的草图和深深的感动，曾参回到了首都华盛顿，他在递交的旅行报告中提到了废墟遗址的事。这份报告发表后，引起人们对查科峡谷的兴趣。随后，无数探险、测绘和旅游的人涌向那里，试图寻找到散布在其间的废墟遗址。结果，犹他、科罗拉多、新墨西哥和亚利桑那四州相交接的地带成为考古发现的重要地带，被称作四角地带。在那里，印地安安纳沙兹人的遗址一次次被发现，被研究。

在不断的研究过程中，科学家们也答复了曾参当初的疑问，他们在研究查科峡谷的一个村落遗址时，发现这个村落的建筑使用了 5 000 万片经过打磨和切割的沙岩。他们推算，这可能是在长达一个多世纪里各个阶段修建的结果。

　　故事的主人公测绘了查科峡谷的废墟遗址，让我们了解到考古中测绘的作用。考古学离不开测绘技术。目前，测绘技术已有了长远进展，通常运用的包括数字摄影测量、电子全站仪测绘和卫星定位技术。

　　摄影测量技术是透过摄影技术摄取图像，再运用测量学方法，计算出三维坐标，进而生成三维影像图的测绘方法。这项技术可以对遗址、石刻、古建筑等进行测绘，能够提供各种线划图、模型和影像图，比较适合各种考古所需。

　　电子全站仪是一种新型测量仪器，精确度高，可以准确地测定角度、距离和坐标等，而且能与电子计算机联机作业，因此使用非常普及。有的电子全站仪还有激光测距功能，便于测绘不能架设反射棱镜的石窟、古建筑等。

　　卫星定位系统是以人造卫星网为基础的无线电导航定位系统，一般包括空间卫星系部分、地面控制部分和用户接收部分。透过这个系统，可以更加全面、动态地了解考古情况，是目前最先进的测绘技术。

曼特尔（1790～1852年），英国医生、地质学家和古生物学家。曼特尔长期致力于中生代的古生物学，并在白垩纪的地层中首次发现了著名的恐龙类爬行动物。

考古学方法

复活节岛上的秘密——
碳-14年代测法

碳-14年代测法,根据碳-14衰变的程度来计算出土文物大概年代的测量方法,是至今为止最常用的检测法。

  1722年的复活节,荷兰海军上将雅各布·罗哥文率领的一支由3艘帆船组成的小舰队经过漫长的太平洋航行之后,发现了一个新岛屿。他们非常激动,为了纪念这次发现,就将这个岛屿命名为复活节岛。

  第二天,罗哥文派遣士兵登陆观察。结果,这群士兵上岸后,不到半天工夫就与岛上的土著人发生了冲突。他们开枪打死了一些土著人,然后快速撤离了。此后半个世纪内,再也没有外人到过复活节岛,它似乎被人遗忘了。

  1770年,西班牙探险家听说了罗哥文发现复活节岛的故事,经过长期海上旅行再次光临了这里。1774年,英国著名探险家库克船长也来到了岛上,收集了不少的资料。不过,他们带回西方最吸引人的消息是,在复活节岛上遍布着大大小小的人形石头雕像!

  此后,欧洲各国纷纷派人前往复活节岛,试图对其进行进一步探索和征服。当人们登陆岛屿时,无不被岛上那神奇的石像所震撼,这些石像大约有1 000个,散布在岛屿各处,其中屹立在海岸上的巨大石

像格外引人注目，它们的高度从 10 公尺到 20 公尺不等，重量均在 50 吨以上。这些石像的躯体是用黑色火成岩雕刻的，头上顶着一个巨大的"帽子"，这个帽子重达 10 吨左右，材质是红色火成岩。石像人圆睁着大眼睛，眺望前方，他们表情奇特，一个个拉长着脸，一副沉思的神态。

巨大的石像成为复活节岛的象征，也成为吸引世人关注的焦点。科学家们推断，这种巨大的石像不可能是岛上的土著修建的，因此，在复活节岛上一定存在着更古老的文化。

1957 年，托尔·海雅尔来到复活节岛，他决定对全岛的石头雕像进行全面考察。他发现，所有的石像并非同一时期的作品，根据雕刻的工艺水平，可以分为三个时期，最早的石像有 260 个，而其余的石像，竟然都是对于那些早期石像的模仿，而且，石像的雕刻技艺一批不如一批。同时，海雅尔还在岛屿的死火山口发现了几百个尚未完工的石像，这些石像的周围丢弃着雕刻和采石的工具。这些工具都是石制的，粗糙简单，有好几千件。从凌乱堆放的工具来看，雕像工作似乎是突然中止的。海雅尔想：肯定发生了什么意外，才让这些采石和雕刻的工匠慌忙离去了。

到底是什么意外呢？为了确知这一点，海雅尔对石像周围烧剩的木炭进行了测定。可是，根据碳-14 的测定，木炭确定的年代是公元 400 年，距今才一千多年时间。一千多年前，当地土著的祖先已经来到了这里，但他们没有留下任何关于制造石像的传说，也就是说，他们到来之前，石像早就存在多年了。那些木炭，是他们留下的，而非石像雕刻者。

对于石像的研究再次陷入了困境，至今还像谜一样困惑着考古界。

碳-14 年代测定法是现今考古界最常用的测定时间的方法。它是根据碳-14衰变的程度来计算出样品大概年代的测量方法。

在活着的有机物体内,有一部分碳元素为稳定同位素碳-12,还有一小部分是放射性同位素碳-14。当某种植物或动物死亡后,其体内的稳定同位素碳-12的含量不会变,而碳-14却开始逐渐衰变。这样,在已知碳-14衰变速度的情况下,就可以根据它的衰变程度计算文物年代。

由于碳-14的半衰期为5 700年,因此,可以用来测定距今6万年左右的化石。而对于年代更为久远的化石,这种方法就没有作用了。

海尔达尔(1914～2002年),挪威人类学家、海上探险家。他透过综合研究,认为太平洋波利尼西亚群岛上的第一批居民是公元5世纪时从南美洲来的。为了证明自己的猜想,他仿制印第安人木筏,并且乘筏横渡太平洋。

修道院里的福音经文
——摄影记录

摄影记录可以客观真实地记录考古遗迹和重要遗物出土的状况，记录田野考古的工作过程，因此备受重视。

19世纪时，苏格兰曾经有一对孪生姐妹，她们分别叫阿格尼丝和玛格丽特。这对姐妹生于1843年，两人从小喜欢研究古代文献，除此之外，姐妹俩还喜欢旅行，到各地学习语言，探索古代文献中讲到的各种事情。在旅行过程中，姐妹俩接触到了许多考古遗址。但是，她们没有想到的是，有朝一日自己也会发现某个消失已久的城市。

1891年，不幸突然降临，姐妹俩的配偶同年去世。面对这人生中巨大的打击，为了减轻痛苦，她们选择了自小喜爱的事情——结伴到埃及去旅行。很久以来，她们对于西奈山充满了向往之情。玛格丽特曾经感叹说西奈山是"在《圣经》历史记载中最令人惊叹的奇迹之一"。确实，《圣经》中说摩西就是在西奈山的山坡上接受了基督教十诫。

姐妹俩来到了埃及西奈山，住进了山脚下的一座修道院里。玛格丽特的丈夫曾经考察过这个修道院，它年代久远，名字叫圣凯塞琳，图书馆堆满了各种古老的、很久无人翻阅的手写本。玛格丽特早已从丈夫那里得知了手写本的事，并且答应一位学术界朋友，帮他拍摄这些手稿，带回去供他研究。

如今，姐妹俩征得修道院同意后，开始了拍摄手写本的工作。

这天，姐妹俩准备齐全，带着相机来到了图书馆，她们打开一本本古老的书籍，细心地翻阅着，认真地拍摄着，生怕遗漏一点内容。突然，玛格丽特喊道："快看，这上面有两种文字。"阿格尼丝扭头观看，可不，这是一张羊皮纸，上面用希腊文和叙利亚文书写着一篇短文。姐妹俩认识叙利亚文，她们连忙放下手里的工作，专心研读这篇短文。经过辨认，她们破译了文章内容：这是耶稣和他的门徒讲话的译本。

她们意识到，这篇短文只是整个译本的一部分，应该有更多的内容没有发现。她们很快投入到紧张的寻找工作中，在成堆的手写本中，她们终于找到了这个叙利亚文本的其他部分，共有358页。译本是公元4世纪的手写本，翻译抄写了《基督教徒福音》的全部内容。

译本的发现对《圣经》和古代基督教徒研究产生了巨大的推动，使得姐妹俩名声大振。但姐妹俩没有因此止步，而是继续旅行，先后考察了埃及和黎巴嫩的其它修道院，并将发现进行整理翻译，出版了许多古老的叙利亚和阿拉伯经文的译本。

在考古学中，收集资料是研究和发展的基础，也是保护文化遗产的重要手段。摄影记录就是其中的一项重要内容。

摄影记录可以客观真实地记录考古遗迹和重要遗物出土的状况，记录田野考古的工作过程，因此备受重视。多年来，考古界在考古摄影方面有了进步，除用照相外，还利用电影、录像等记录，取得了良好效果。

在拍摄记录中，需要注意的问题是：(1)选择合适的标尺或参照物。标尺或者参照物可以比较精确地反映遗迹或遗物的大小、规格等；(2)不要使用白灰或白浆等勾绘遗迹。拍摄的目的是客观地记录遗迹或遗物的现状，只有客观真实地拍摄才能记录遗存的出土现状。

盗墓传家宝——洛阳铲

洛阳铲，又名探铲，为一半圆柱形的铁铲，考古学工具中的一种。

在河南马坡村，有个以盗墓为生的人名叫李鸭子。所谓身在哪一行，心系哪一业，他终日里琢磨的都是与盗墓有关的事，比如说哪里有墓穴啦，用什么工具比较方便等等。

1923年的一天，李鸭子到孟津赶集。集市上人潮熙攘，分外热闹。李鸭子对熙攘的人群显然不感兴趣，他的目光转向了不远处的一个包子铺。铺子里一笼笼包子冒着蒸腾的热气，飘散着诱人的香味，吸引着赶集的人们。李鸭子看了一会，刚想起身去买包子，却突然愣住了。他看到，卖包子的人正在地上打洞，手里挥舞着一件奇怪的工具。这件工具每往地上戳一下，就能带起很多土。这对于平常人来说也许没有什么，可对于以盗墓为业的李鸭子来说，简直太具吸引力了。他目不转睛地盯着那人手里的工具，不无激动地想：这要是用它在古墓上打洞，比铁锹强多了。

想到这里，李鸭子连忙上前搭讪，向他讨要工具观看，并比着工具做了个纸样，然后兴高采烈地回家了。回到家中，李鸭子又将纸样做了简单修改，就找了个铁匠，让他照纸样打制了一件工具。这件工具问世后，用来探访古墓果真非常方便，很快就在盗墓业中流传开来。由于它诞生在洛阳，所以人称洛阳铲。

此后，洛阳铲几经改造，越来越适合探求古墓所用，也引起了考古学者的注意。1928年，考古学家卫聚贤亲眼目睹了盗墓者使用洛阳铲的情况，被其方便

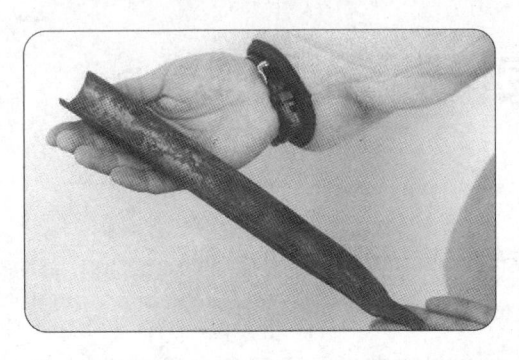

快捷的用途吸引，就把它引用到考古钻探工作中。由于他的引进，在其后中国著名的殷墟、偃师商城等古城址的发掘过程中，洛阳铲发挥了重要作用。如今，学会使用洛阳铲来辨别土质，是每一个考古工作者的基本功。

洛阳铲，又名探铲，是一种考古学工具，状如半圆柱形，一段有柄，可以接长的白蜡杆。使用方法为：垂直向下戳击地面，可深达20公尺，半圆柱形的铲可以将地下的泥土带出，并逐渐挖出一个直径约十几公分的深井。主要用来探测地下土层的土质，以了解地下有无古代墓葬。

洛阳铲的制作比较讲究，工艺非常复杂，对于制坯、煅烧、热处理、成型、磨刃等工序要求严格，只能手工打制，不能成批生产。作为中国考古钻探工具的象征，洛阳铲历史悠久、驰名中外。

陈奇禄（1923～　），考古学家，台湾台南人。历任台湾大学教授、考古人类学系主任、文学院院长，长期从事中华文化及台湾地区、东南亚地区土著文化的研究。著有《中华文化的特质》、《台湾山地文化的特质》等。

圣井中的祭品——潜水技术

水下考古学得到发展的直接根源是轻潜水装备的普及。

在玛雅一直有这样一个传说：古时一旦发生旱灾，僧侣就会带领百姓前往圣井祈求井神降雨救灾。为了答谢井神，他们会献上丰盛的祭品，其中包括各种装饰品、金子，还有一位年轻姑娘。德·兰达根据这个传说写了一本书，并且断定："如果这块土地上还有黄金的话，绝大部分黄金就在圣井里。"

可巧的是，这本书被一位年轻的旅行者看到了，他叫汤普逊。25岁的他被这个圣井的传说迷住了，渴望着有朝一日揭开圣井之谜。

许多年过去了，汤普逊已经成为了经验丰富的森林旅行家，他走遍尤卡坦全境，练就了一副锐利的目光，善于辨认隐藏的古迹。可是，面对着遍布的伟大古代建筑，固执的汤普逊却毫不动心，他的兴趣只在圣井上。

为了实现自己的理想，汤普逊回美国做准备工作。他首先在一次科学会议上宣布自己的计划，并且筹集资金。不过，换来的却是无数的嘲讽和打击，要知道，那时候的圣井不过是口装满脏水、石块和无数落叶腐木的黑洞，人们对他的梦想嗤之以鼻，甚至有人刻薄地说："洞那么深，那么大，而且不知底细，谁下去也休想活着出来。假如你想自杀，何不另找稳妥一点的办法！"

不过，汤普逊并没有退缩，他下定决心实现自己的梦想。在他的努力下，一部分亲友答应出资帮助他。解决了资金难题，汤普逊开始实行第二步计划，他前去波士顿拜师学习深海潜水技术。他的老师是位资深潜水员，很耐心地指导他学习，还向他建议购置潜水设备。在老师的帮助下，汤普逊准备了一台"桔皮篮"式挖泥斗、绞车、滑轮、钢索、绳索、一架起重架和一根30英尺长的摇臂。看来，他为这次圣井探险做了充分的准备工作。

带着设备，汤普逊回到了古井边。他测量了古井，大致了解到了落井少女所在的区域，随后便开动了挖泥斗。第一次，泥斗挖上来的只是朽木和烂叶。接着，泥斗第二次下到井底，开始了新的挖掘工作。

就这样，泥斗一次次从井下挖出来各种各样的物品，除了朽木枯叶，还有动物的尸骨。这些东西似乎在说明，这只是一口普通古井，里面并没有传说中的财宝和少女。

时间一日日过去，汤普逊寝食难安，他不断地反问自己："大家都说那些传说是无稽之谈，从挖掘出的东西看，他们似乎对了。怎么办？亲友们为了资助我付出了金钱，而我却要因此成为笑柄！"

尽管焦虑不安，汤普逊仍旧不肯放弃，他坚持挖掘着。这天，他再次在泥斗挖出的烂泥中翻找着，心里忐忑不安，不知道这次会有什么发现。突然，一块奇特的、黄白色的东西吸引了他，他觉得这块东西很像松香。他拿到鼻子前闻了闻，还用舌尖舔了舔，心情异样激动。他用火烤了这块东西一下，空气中散发出香气。他立即高兴地叫喊了出来："松香，这是当年祭司用的松香！"

发现了松香，那么就可以证明那些传说是真的了。汤普逊干劲猛增，他指挥着工人开始了更为紧张的挖掘。几天后，胜利终于向他露出了笑脸，企盼已久的珍宝一件件露面了，其中有日用品、装饰品、花瓶、矛尖、黑曜岩刀和翡翠碗，还发掘出了一具人的骨骼。至此，汤普逊大获全胜，他以坚定的信念和准备充分的技术取得了考古史上的一次伟大发现。

水下调查、发掘直至打捞工作,都必须依赖先进的、完善的潜水技术和设备,这是水下考古的先决条件。实际上,水下考古学正是在轻潜水设备普及的情况下才得到发展的。

水下考古学的职责之一就是搞清水下文物情况,以达到防止盗掘、永久保存的目的。每一件水下文物,即使是一个普通得不能再普通的古币,也具有非常高的历史价值。所以,水下考古越来越受到重视,水下考古技术也得到快速发展。

哈丽特·博伊德(1871~1945年),出生于美国马萨诸塞州的波士顿,早年曾对政治和历史学感兴趣。她喜爱地理学,同时自学绘制精确的地图,是第一位痴迷田野考古的女性,发掘了古城哥尔尼亚。

皮亚奇神甫的奇妙手法
——文物保护

文物保护应该做到不改变文物原状、处理好保存现状与恢复原状的关系，尽可能保存文物原物，全面保存古建筑原状，达到整旧如旧的目标。

现代考古学之父文克尔曼在庞贝古城考古过程中，曾经遇到一道难题：出土的古文书籍一经触摸，就会变成炭尘，不复存在。书籍毁灭会造成巨大损失，人们将无法从书中了解到历史，无法进行文字研究，也不利于展开其它考古研究。可是，如果不去触摸书籍，又怎么保存它们，又怎么打开它们阅读呢？

人们从一开始发现大量古文书籍的喜悦之中消沉下来，他们不知道该如何对待这些珍贵的古书。他们试了各种方法抢救这些古书，却不见效果。文克尔曼也没有办法，他常常徘徊在古文书籍旁边，一筹莫展。

就在这时，他结识了一位特殊的朋友，此人名叫皮亚奇，是文克尔曼寄宿的奥古斯丁修道院的神甫，而他的工作正是保存古手卷。

相同的爱好和气质使文克尔曼很快成为皮亚奇神甫的好友，了解到皮亚奇的工作后，文克尔曼更是激动非常，他向神甫询问保存古手卷的办法，神甫很爽快地答应教给他。这天，他带着一个奇特的工具来到了博物馆古文书籍处，打算用它示范打开书籍的手法。

文克尔曼盯着神甫手里的工具，小心地问："它很像假发师用以加工发套的框架，对不对？"

皮亚奇神甫的奇妙手法——文物保护

神甫笑着说:"你很有眼光。不过,我一会可以用它大展神通。"

文克尔曼有些不确定,小声说:"一旦获准试验,你可没有退路了。"

"放心吧,"神甫说,"我已经用它工作好多年了。"

这句话给文克尔曼很大信心,他上前请求博物馆同意他们的试验要求。博物馆人员也为无法打开古手卷犯愁,听说有人发明了先进工具,就同意了。

于是,神甫拿着工具来到一本已经有些破烂的古书前,他先把工具摆放好,然后用极其细腻、像是拣绒毛似的精巧手法,一点一点地将手卷展开在他发明的工具上。然后,他将展开的手卷烘烤,完好地保存了它的原貌。

经过这样细致入微的工作,一本古手卷终于被完好地保存下来。看着试验成果,文克尔曼和神甫都笑了。此后,文克尔曼专心学习这项技术,他不但保存了很多古手卷,还从古手卷中了解到很多知识,为他日后的著述提供了珍贵的资料。

在文物保护过程中,首先需要明白什么是文物现状?需要保存什么?所谓现状就是文物发现时存在的客观面貌。保存现状,就是使文物的客观面貌不被毁坏或者改造。

我们知道,一处文物建筑,从最初建成到我们发现它,往往经历了多次大规模的维修甚至改建,使我们面对的只是文物的"现状"而不是"原状"。因此,原状就是文物最初建成时的客观面貌。在考古学中,通过恢复原状,可以再现文物的历史,并能展开相关考古研究,是文物保护的重要一面,也是考古研究中不可或缺的一部分内容。

总之,文物保护应该做到不改变文物原状、处理好保存现状与恢复原状的关系,尽可能保存文物原物,全面保存古建筑原状,已达到整旧如旧的目标。这一目标既是古建筑修理后对外表效果的一种目标,也是外表处理的一种技术措施。

消失的吾巴尔——遥感

遥感与航空摄影密不可分,所包含的理论和方法很多,主要包括地球物理勘探、测量、航空摄影勘察和卫片、航片分析等等。

在古老的传说中,几千年前阿拉伯半岛的沙漠中曾有一座十分繁华的城市,这座城市名叫吾巴尔,是乳香和医药的商贸中心站。可是后来吾巴尔被毁灭了,它成为传说中的古城,后世的人们逐渐不知道它究竟身在何处。

20世纪30年代,一位名叫伯特伦·托马斯的英国人前去阿拉伯半岛考察时,也听说了吾巴尔古城的传说。有一天,当他在当地向导带领下走上一条有商道痕迹的小道时,那位向导告诉他:"这就是通向吾巴尔之路。"托马斯有些诧异,他顺着小路向前,来到一个名叫阿夕·希萨尔的水坑附近,这里有一处堡垒废墟,废墟似乎有着几千年历史,但是极其简陋。可惜托马斯并没有注意到这个废墟的价值,而是继续进行着自己的考察任务。

没有想到,半个世纪后,这个简陋的废墟竟然揭开了一座古城之谜。

当时,美国有位叫尼古拉斯·克拉普的电影制作商人,他准备寻找一条古阿拉伯的贸易通道。为此,他阅读了大量关于古阿拉伯的书籍,也读到了托马斯那次考察的报告。在那次报告中,托马斯提到了"通往吾巴尔之路"这句话,也提到了"简陋堡垒"的废墟。这两条信息给克拉普留下了很深的印象,他推测,托马斯当时也许正处于传说中的吾巴尔遗址之上。

这样的推测非常令人兴奋,克拉普决定按照托马斯记载的内容前去寻找吾巴尔。当然,此时的他很清楚,要想在茫茫沙漠中寻找一座消失的古城并非易事。怎么样能够再次找到那个遗址并且展开有效发掘呢?

克拉普想到了运用新的科技手段。他曾经从报导中得知,几年前科学家们就已经能运用太空雷达扫描遥感成像的技术,并通过此技术对埃及进行了扫描,探测到了地下干涸已久的河床。既然这一方法可以展现埃及被埋藏的河床,为什么不能找到阿拉伯沙漠中已消失的城市呢?于是,克拉普设法与加州的喷气推进实验室进行了联系,这个实验室正是发明这种遥感系统的单位。

实验室听说了克拉普的打算后,对这项事业很感兴趣,他们很快便接受了寻找吾巴尔的请求。

1984年,这支特殊的考古队伍上路了,他们很快来到了阿拉伯,利用航天飞机的雷达对托马斯报导中提到的地区进行雷达扫描探查。可是,这次扫描只找到了古代商道的细微痕迹。考古队从商道痕迹中得出这样的结论:这些商道应该是在沙丘形成之前的几百年就存在了。既然几百年前有商道存在,那么应该有生产或者使用商品的城市。

于是,考古队采取更为先进的手段,利用卫星拍摄照片,然后将所有的雷达图像结合起来进行分辨判断。高科技的运用果然起到了很大作用,很快他们发现这些古商道有一个辐射中心,这个中心就在阿曼南部的埃门普特·夸尔特附近,这里正好是托马斯当年考察的主要地带。

1991年,他们终于将目标缩小到了一个地方,这个地方就是托马斯路过的阿夕·希萨尔水坑。当年,托马斯曾经在这里看到过简陋堡垒的废墟,可他那时技术落后,根本无法展开有效调查。现在,克拉普的考古队使用雷达探查地表下面的东西,还有什么不能被发现呢?

果然，雷达探查发现了隐藏在沙子下面的那座消失了的城市。他们发掘出了一个堡垒、八个宝塔，还有从罗马、希腊、叙利亚运来的手工制品，有的制品已有4 000年历史。这些发现无不表明这里曾经有过的繁华。现在考古学家们可以肯定，这里就是传说中的吾巴尔。

"遥感"是20世纪60年代西方首先使用的新名词，一般是指从空间飞行器上装备的光学、电子、微波等传感器对地球表层的自然现象、资源状况、环境变化及人文景观等因素进行探测。

遥感与航空摄影密不可分，所包含的理论和方法很多，主要包括地球物理勘探、测量、航空摄影勘察和卫片、航片分析等等。其中以航空摄影勘察，航片、卫片考古学分析为主，文献研究、考古调查发掘及地球物理勘探为辅。

遥感与航空摄影考古还有一个显著的特点是可以在很短的时间内，投入较少的人力，在很大面积地区开展文物普查或考古专项调查。有人做过统计，在相同范围内，用遥感与航空摄影考古的方法在人力和效率上要比传统的踏查方法提高几十倍甚至上百倍。

孙海波(1909～1972年)，曾用名孙铭思，潢川县人。从事甲骨文、金文研究。先后发表《释采》、《释眉》等考释甲骨文和商代历史、地理的论文。

神秘损坏的瓷器——室内整理

现代科学仪器在文物保护工作中的应用已经很普遍,热释光法、成分分析的方法都是最普遍采用的鉴定手段。

打捞海底沉船,从中搜取古物谋取暴利,是现在不少人热衷的事情。最近几年,沿海地区许多渔民靠此发了财,极大地刺激了人们海底寻宝的欲望。

有位叫张敏的渔民,也是海底寻宝的一员。有一次,他从海底捞出了不少瓷器,件件精致美观,细腻有光泽,一看就是珍品。张敏很高兴,他把这些瓷器仔细藏了起来,等待前来购买文物的贩子。

过了几天,文物贩子上门了,他进门就问:"听说你打捞了不少宝贝,拿出来看看吧。"

"你等着。"张敏说着回屋取瓷器。为了保险,他只拿出了一件瓷瓶。

文物贩子接过瓷瓶,上下左右打量半天,摇头说:"脱瓷了,不值钱了。"

"什么?"张敏叫道,"不值钱?我看你不识货,我不卖了。"说完,夺过瓷瓶放回去了。

又过了几天,另一文物贩子上门时,还是说了同样的话。张敏有些坐不住了,他觉得很奇怪:前些日子,邻居大宝打捞了一批瓷器,远没有自己的精致,卖的价格还不错,为什么自己的不值钱呢?再等等吧,说不定这俩贩子果真不识货呢。

就这样,张敏一等再等,过了不少日子。有一天,他忍不住自己拿出了瓷器。等他把瓷器拿到太阳底下一看,顿时大惊失色。本来精致的瓷器釉面破碎了,一块块掉落下来,只剩下了粗糙的内胎!手捧着一堆"废瓷",张敏叫苦连天:"我冒着生命危险打捞上来的瓷器,怎么变成这样了?我把它们藏得好好的,是谁弄坏了?"

与张敏有着同样困惑的渔民大有人在,这样的事情时有发生,引起了专业考古人士的关注。有关考古部门经过调查,了解到了事情的来龙去脉。原来,渔民们不懂瓷器保护技术,不知道在海底浸泡数百年的古瓷一旦出水,若不及时进行脱盐脱水处理,干燥后会因盐分的结晶,把釉面胀裂,造成釉面粉碎性剥离。

考古部门向上级做了汇报,很快,政府拨款下令成立专门水下考古队,到西沙海域进行考古工作。考古队陆续探查了银屿和北礁海域,找到宋、元、明、清各个年代的水下文物遗存13处,出水文物共计1 500余件。考古队员们按照科学方法细心整理这些古瓷,使它们得到极好的保护。每件瓷器上的文字、图案都十分清晰、完整地保留了下来,达到了考古学目的。

这个故事涉及到考古工作中的重要环节——室内整理。室内整理是运用地层学和类型学方法,对获取的实物资料进行分类、修复和统计及初步研究的过程。这一过程包括清洁、写号、拼对、修复四方面工作。

清洁就是对遗物进行清洗,使之显露本来面目的工作。清洁应该注意一点,就是适当保留部分痕迹,这有利于文物的确定和分类。

写号是分类工作的表现。在整理过程中,最主要的工作就是对文物进行类型学研究。按照类型学原理,对遗存进行详细分类,判断各单位的相对年代和绝对年代。一旦确定完毕,就可以写号标注了。

拼对也是整理工作的重要环节,透过拼对,可以完整全面地再现文物原貌。

修复是整理工作的最后环节,这主要用于一些受损的文物。

伍 利(1880～1960年),英国考古学家。一战后,他在伊拉克苏美尔古城吾珥的旧址上进行了重点考察,再现了人类最早期的伟大文明;1930～40年代,又致力于在北叙利亚发掘哈利亚王国的遗迹。

千载佳人现原貌——X射线

X射线探伤技术对于文物鉴定工作也是一种有效的手段,通常从铸造青铜器存在"垫片"与否等即可准确判断文物的真伪。

1972年,马王堆出土了一件湿尸,这就是著名的马王堆女尸辛追。辛追尸体出土时,全身润泽,皮肤覆盖完整,毛发尚在,指、趾纹路清晰,肌肉尚有弹性。这是世界上首次发现湿尸,出土后震惊世界。

此后,不少科学家试图复原女尸面貌,曾经先后公布过多种模拟图。30年后,中国刑警学院赵成文教授又一次复原了女尸面貌,并且再度引起世人注目。

一直以来,赵成文教授对于人体颅骨颇有研究,他发现,人的面相关键取决于颅骨的形状,也就是说,只要颅骨存在,即使被毁容,也能按照一定步骤对其原貌复原。在此基础上,他想,只要颅骨保留完整,2 000多年前的女尸与日常破案中遇到的尸体应该没有多大区别。于是,他产生了复原马王堆女尸面貌的想法。

通过大量调查和研究,赵成文拍摄了女尸颅骨的X光片,确定了女尸五官的基本位置和形状大小;然后,他拍摄了多幅面部照片,为复原提供了更多的参考依据。而且,他还从帛画和文献资料中了解了辛追晚年的生活情景。经过这样全面的准备工作,赵成文首先复原了辛追30岁时的面貌图。

在30岁面相图完成后,赵成文进一步分析了X光片,他发现尸体腐烂导致辛追在去世后嘴部张开,舌头吐出,下颌脱位,头部变形,他认为:"根据以往规

千载佳人现原貌——X射线

律,这种变形将导致五官变短。比如长脸型就变成圆脸,国字脸变成田字脸。"因此,他将X光片扫描入计算机,根据解剖学的解剖结构理论,在计算机中对脱位的下额进行复位。随后,赵成文根据美术学中的"三庭五眼"理论,在辛追的颅骨上画出眼内侧线、眼外侧线、鼻翼线、鼻底线、发际线、眉功线、口裂线、下额线。

就这样,经过14个昼夜的辛勤劳动,辛追的4副标准面相图问世了。这4张标准图分别描绘了女尸辛追在50岁、30岁、18岁时的面相,其中,50岁的图片分正面和侧面两张。从图中,人们可以清晰地看到不同年龄段辛追的生动形象。18岁的辛追面庞红润,杏眼柳眉,小巧的鼻头,粉薄的嘴唇,眉宇中透着一股灵气;30岁的辛追略显丰满,眉毛上翘,眼神中多了一份干练和沉着;50岁的辛追雍容华贵,颇显富态,不过她面带病容,眼角布满鱼尾纹,眼袋下垂。

面对这4副标准图,人们似乎回到了2 000多年前的汉代,亲眼目睹了绝世美人辛追的容颜,这种高科技的复原手段,实在令人震撼。

故事中,X射线在复原工作中起到了重要作用。在考古学中,X射线的应用是非常常见的,它是文物鉴定工作中的一种有效手段。通常情况下,X射线从铸造青铜器是否存在"垫片"等可以准确判断文物的真伪。同时,还可以对于锈层下的纹饰、铭文等进行透视,提供近乎完美的识别照片。另外,一些经过修复补配的器物,在射线的透照下,也都纤毫毕现。

现在，为了更加全面细致地了解锈层的结构，发明了 X 射线衍射仪，可将整个文物置入超大样品室，并配备有 CCD 摄像系统，对样品进行选区分析。

当然，随着考古工作的发展，更多的大型精密分析仪器必将投入到更多的考古工作中，对于文物鉴定和保护起到必要的作用。

哈桑·拉加卜，1911 年生于埃及亚历山大一个名门望族，1968 年，他潜心纸草学研究并成功研究出了失传千年的纸草造纸术，成为著名的纸草学专家。

破译玛雅文字——文字释读

在对一个古文字的解读过程中要应用到多种方法,其中形体分析法、辞例校勘法、文献比较法都是常用的方法。

当今考古界,关于"玛雅文化为什么消失?"和"玛雅文化是怎样消失的?"一直是玛雅研究中最引人入胜的两个题目。对于这两个问题的研究,学者们一般从3个方面入手,一是在各个国家档案馆里寻找那些与玛雅文化后期衰亡有关的历史年鉴;二是到废墟进行实地考察;再有就是碑文研究。

破译碑文历来都是非常困难的工作。玛雅人曾留下过几千本书或抄本,但是因为西班牙传教士的毁坏和漫长时间的消磨,如今人们能够看到的仅仅只有4本,而其它一些刻在瓷器、石碑和建筑物上的文字和符号,都太过零散,无法理解。

当年,斯蒂芬斯和加瑟伍德发现科潘时,他们凝视着这些神秘的符号,感叹道:"谁能读懂它们呢?"

回答是一片寂静。

作为美洲土著惟一的文字,何人何时可以解读,成为玛雅研究的重中之重。

第一批研究者认为,玛雅文字是象

形文字,因此每个文字代表一个物体、概念或者数字。从此入手,他们发现玛雅人是非常高明的数学家,他们精通天文学,发明完善了严密的历法。

在此基础上,研究人员初步设想了玛雅人的形象,认为这是一个带有哲理性的民族,他们的文字肯定与历法、天文和宗教有关。

到了20世纪50年代,俄国学者余里·罗索夫总结前人研究经验,采用了一种全新的方式来研究玛雅文字。他认为玛雅文字和古埃及、中国的文字一样,是象形文字和声音的联合体,每个玛雅文字因为读音不同,代表不同的概念,于是,他用字形与读音相结合的方法进行研读。这次研究引起了玛雅文字研究领域的一场革命。他的观点得到很多碑文研究者响应,大家积极行动起来,纷纷为玛雅文字寻找配对音标。

1960年,另一位在美国工作的俄国学者塔约娜·普罗斯科拉亚科夫有了重大突破,她意识到许多玛雅文字中都含有固定的时间段,相隔大约56年到64年。这个时间段恰是玛雅时期人的平均寿命期,根据这一点,她做出结论,玛雅文字里写的不是宗教,而是历史,记录下来的是皇族人员的诞生、统治、死亡及其战争,是关于玛雅人的生动故事。

于是,人们第一次从另一个角度去理解玛雅文字,并相继取得不少收获。至今,研究者已经破译了80%的玛雅文字,对玛雅文化和社会有了一个新的认识。人们了解到玛雅世界并非一个单一的王国,而是由许多相互对立的小国和城邦拼凑而成,他们有共同的宗教,采用血祭的方式表达对神灵的敬畏。

对古文字的考释成败往往取决于能否找到可靠的足以沟通古今文字的有关文字数据。在对一个古文字的解读过程中要应用到多种方法,其中形体分析法、辞例校勘法、文献比较法都是常用的方法。辨别这个字是否解读得准确也要透过上述方法。

当然,针对不同古文字往往采取不同的方法。比如在哈拉巴符号的解读过程中,研究者就采取了统计学方法。通过统计每个符号在铭文中出现的次数,推断出这是一种介于拼音文字和象形文字之间的符号。在此基础上,研究者使用格栅法确定了哈拉巴符号的阅读顺序,从中发现规则并最终破解了这种文字。

阿美莉亚·爱德华兹(1831~1892年),英国女作家,著有多部长篇小说和诗歌集,尤以长篇游记《尼罗河行纪》(A Thousand Miles Up the Nile)闻名,该书是世界上最早的研究埃及学的著作。

考古学方法

自家后院的宝藏——考古探测

考古探测就是通过电流、电磁波以及磁场等手段,利用地理信息系统等数字技术,让地下文物映现在显示屏上的手段。

1992年11月,英格兰萨福克郡霍克森村的普通农民艾瑞克·劳斯打算改装住宅,他请来了不少亲朋好友帮忙。当房子装修完毕,大伙准备散去时,一位朋友突然发现自己的锤子不见了。劳斯连忙翻找,可是一无所获。

这件事始终让劳斯放心不下,他猜想锤子一定埋到地下了,就购买了一个金属探测器寻找。

第二天,他在院子里用探测器搜寻着,从上午一直忙到中午。突然,探测器发出了"嘀嘀"的警报声。劳斯高兴地以为找到锤子了,连忙放下探测器,拿起铁锹挖土。他干得又快又卖力,不一会就挖下去半公尺深。可惜的是,除了泥土,什么东西也没有,更不见锤子的踪影。劳斯想了想,打算放弃挖掘。然而,探测器却一直不停地叫唤着,而且声音越来越大,好像很不乐意他停下来一样。

劳斯望着探测器,摇摇头自言自语:"这里到底有什么呢?"说完,他挥动铁锹继续挖下去。

劳斯费力地挖掘着,不过他还不知道的是,他最终挖出来的东西他根本想象不到。快挖到一公尺半的时候,劳斯眼前一亮,他看到一枚硬币跳了出来。他俯身捡起硬币,抚去上面的泥土,发现竟是一枚古罗马银币,上面的古罗马帝王头像还清晰可辨!他高兴极了,忙继续挖掘下去。接着,令人无法忘记的一幕出现了:地下涌现出了一堆古罗马银币,其中还有不少闪光的金币,以及一些金银制作的艺术品。一个地下宝藏出现了!

劳斯没有继续挖下去,而是连忙向当地的文物管理部门做了汇报。文物管理部门立马组织人员赶到了劳斯家中,开始了专业发掘工作。很快,所有的财宝全部露出了地面,人们数了数,总共有 14 191 枚银币、565 枚金币、24 枚铜币、79 个银汤匙,20 多个银烛台,一些银制的小雕像和 29 件纯金制成的、做工精细的首饰以及重达 250 公斤的纯金块。

宝藏的发现和出土震惊了世界,很快,来自各地的考古专家对其进行了研究和分析。他们发现,所有金币纯度都超过了 99%,是古罗马时期的九分七币,铸造于公元 394 年到公元 405 年之间,而它们大概是在公元 440 年被埋葬的。这次宝藏的发现,是历史上古罗马钱币最集中的一次发现,也是英格兰历史上最重要的一次文物发现。

宝藏被收藏到了英国国家博物馆,为此,博物馆支付给劳斯 125 万英镑,以赞赏他的诚实。虽然这些钱和宝藏的价值根本无法相比,但是劳斯很满足,他说:"就算一分钱都没有,我也不会后悔。"令人颇感有趣的是,宝藏的发现为劳斯所在的村子——霍克森带来意外之财，很多人慕名涌进村庄寻宝，金属探测器成为了最畅销的商品。

劳斯用金属探测器无意中探知了古罗马宝藏，而金属探测器也正是考古探测中的工具之一。考古探测就是通过电流、电磁波以及磁场等手段，利用地理信息系统等数字技术，让地下文物映现在显示屏上的手段。这是一种不用挖掘而直接探测地下遗迹、遗物的新考古技术，不仅可以提高发掘现场位置、规模的勘测精度，而且在探测未发掘过的遗迹方面也能发挥重要作用。

常用的探测仪器包括红外和远红外探测器、微波测地雷达、声雷达和断层扫描（CT）等。这些技术的发展和应用，推进了地下无损探测技术的发展，为遥感探测地面或地表下的人类活动遗迹提供了硬件支持。

王懿荣（1845～1900年），山东福山人。字正儒，号廉生，清末著名金石学家。他于1899年第一个认识并有意识地购藏殷墟甲骨文，被誉为"甲骨文之父"。

考古少侠——拓片

拓片是从原物直接打印下来的，大小和形状与原物相同，是一种科学记录的好办法。

今年才22岁的天津青年郝笛是考古界的传奇人物，年纪轻轻的他，已经是全球很多博物馆的资深权威专家，是北大历史系最年轻的客座教授，人们更是送了他一个称号——"考古少侠"。

小小的郝笛似乎就是为了研究文物而来到这个世界上的。5岁时他就迷上了文物；7岁那年，他就开始收集古币；12岁，他发现了"白金三品"和"鱼肠剑"，并写出了多篇相关论文；今天，他是许多博物馆咨询的对象，只要他的一句话，就无人再质疑文物的真假。

2002年，历史建筑"天后宫"发掘时，传出消息说发现了乾隆年间的瓷器碎片。郝笛得知后，立即赶往现场观看。他拿起碎片仔细端详、研究，随后把它们分成三堆，对周围的人群说道："这些碎片不是一个时代的，而分别是康熙、雍正、乾隆年间的。"

周围人不知他的底细，看他不过一个少年，竟能如此细致地辨别文物，有些

半信半疑,有人还说:"你怎么知道的?难道你比专家还厉害?"

面对质疑,郝笛拿着瓷片细心地向他们解说,其中不乏专业知识。人们被他渊博的学识折服了,一个个不住地点头称好。

郝笛呢,讲说完毕后,被旁边的一块石碑吸引了。石碑上的文字不清晰,郝笛就用随身携带的工具进行了拓印,然后带回家仔细研究。

经过钻研,郝笛很快解读了石碑的秘密。他的父母很好奇,便问他:"这上面到底写着什么?"

郝笛指着拓片,兴高采烈地说:"这上面记述着'天后宫'的历史。"

"'天后宫'的历史?"他的父母急急地问,"什么历史?"

郝笛娓娓而谈:"'天后宫'始建于元朝,明朝时进行了扩建。就是在这次扩建中,立下了这块石碑。可以想象,石碑上一定刻着'大明'字样。到了清朝,对'天后宫'进行重修时,人们发现了这块石碑。清人忌讳'大明'二字以及有关文字,因此发现者害怕引火烧身,就把上面的字迹凿掉了。"

听着郝笛的讲说,他的父母一边点头一边说:"难怪有人称你'考古少侠',原来你还真有两下子!"

郝笛微微一笑,对他来说,这样的解读实在算不了什么呢。他知道,自己的道路还长远着呢。

郝笛研究天后宫石碑采用了拓印手法。拓片,就是将宣纸贴在器物表面用墨拓印来记录花纹和文字。它是一种科学记录的好办法,因为可以从原物直接打印下来的,大小和形状与原物相同。在考古学中,有凹凸纹饰的器物常用到拓片,另外,甲骨文字、铜器铭文、碑刻、墓志铭、古钱币、画像砖、画像石等也广泛使用这种办法记录。

拓印有一个基本的方法流程，一般情况下，首先需要把要拓的花纹或文字尽可能剔刷清楚，保证凹凸必显，用大小合适的宣纸盖上，并把纸轻轻润湿；接着，在湿纸上蒙一层吸水性强的软纸，用它保护宣纸面；然后，拿一把毛刷轻轻敲捶纸面，让底下的湿纸紧紧贴附在器物表面，尽显花纹或者文字的起伏凹凸；随后，除去上层的保护纸，让湿纸稍稍干燥；最后，用扑子蘸适量的墨，敷匀在扑子面上，向稍干的宣纸上轻轻扑打，就会形成黑白分明的拓片。

谭维四，1930年4月13日出生于湖南长沙县，1952年开始长期从事文物考古与博物馆工作。曾主持江陵楚都纪南城、江陵望山与沙冢楚墓、随县曾侯乙墓等重大考古发掘与研究。曾侯乙墓考古发掘与曾侯乙编钟研究与复制的主持者。

第三编

考古学分支及相关学科

考古第一女性——田野考古学

田野考古是以发掘为中心，通过大范围的调查，结合科学方法和手段才能完成全面的、综合性的研究任务。

1871年，一个叫哈丽特·博伊德的女孩出生于美国的波士顿，与其他的女孩子不同，博伊德感兴趣的是历史和地理，她甚至还自学了绘制地图的本事，能够精确地绘制出不同的地图。

有一年，还是学生的博伊德无意中听到了爱德华兹的演讲，这位演讲者是位著名的探险者，曾经写下了《尼罗河行记》。这次演讲给了博伊德很大的震撼，激起了她探求古代世界和考古学秘密的兴趣。她很快便决定，当这里的学业结束后，就去希腊雅典的古典文学研究院学习古代希腊历史和文化。

25岁时，博伊德到达希腊，首先考察了迈塞勒。第一次亲眼目睹这庞大的石雕和坟冢，博伊德惊喜万分，但更让她惊奇的却是著名考古学家谢里曼的妻子——索菲姬·斯里曼。这位女性陪伴着丈夫探索了特洛伊和迈塞勒，如今他们正在做有关古代雅典寺庙讲学旅行。

与索菲姬的相遇鼓舞了博伊德，她开始梦想着有朝一日能够亲临野外考古现场，到那些以前没有妇女工作的地方去工作。1900年，她获得了著名考古学家阿塞·伊文思的支持，开始了在卡塞沃附近的发掘工作。

然而，尽管美国考古研究所支持了她的田野考古，但雅典考古学界却对博伊德的行为表示怀疑，他们议论纷纷，有人说："考古不是女人干的活，她为什么要参与进来?"也有人说:"女人不会成功,她们只是瞎掺和,会耽误大事的。"

尽管遭到质疑,博伊德还是坚持自己的做法,她和同伴吉恩·伯顿在1900年4月到达了克里特岛的首府——卡里亚,先后拜访了伊文思、费德瑞可·哈尔布赫尔等考古学家,从他们那里实地学习考古方法,了解考古界动态。

带着对自行发掘的无限期望,博伊德回到了卡塞沃。在这里,她终日里骑着骡子沿着米纳贝罗海湾狭窄的山道考察。终于有一天,她发现了哥尔尼亚——这座古代克里特岛的"工业城市",并将它完整地发掘出来,再现世人面前。

博伊德成功了,她是第一位领导考古探险队的女性,也是第一位发现了一座消失城市的女性。面对着她的成就,有评论写道:"这位女性砸碎了旧有传统,率先成功地闯入了迄今为止几乎全为男人独霸的领域,即考古探险考察。"

在博伊德的影响下,更多的女性加入到了田野考古的领域,她们考察和发掘了世界上不少的遗址,提出了不少的推断,极大地推动了考古学的发展。时至今日,还有越来越多的女性考古工作者不断加入到这项事业中来。

痴迷田野考古的博伊德向我们展现了田野考古学的魅力,那么,什么是田野考古学呢?

田野考古学的名称,是20世纪初正式提出的。当时的田野考古学主要是勘察地面上的遗迹和遗物,依靠地图进行调查,有时则要根据调查结果,测绘地图,作为记录的附件。

后来,田野考古转入以发掘为中心,并扩大调查的对象和范围,方法逐渐完善,技术快速进步。在这个过程中,各种自然科学的手段和先进机械设备相继被采用。这些方面的发展扩大了考古学的工作面,也提高了考古技术。在此基础上,调查发掘的对象也得到扩展,从一般的居住址和墓葬延伸到道路、桥梁、沟渠、运河、农田、港口、窑群和矿场等各种大面积的遗址,这样一来,考古工作成为一项综合性的、全面的研究任务。

> 查里·特克思尔(1807～1871年),法国建筑师、艺术家,也是文物古董商。他于1834年到了安纳托利亚,发现了古老的赫梯王国遗址。

纳斯卡高原上的巨画
——航空考古学

航空考古学是指使用飞机从空中向地面摄影，通过对所得照片的观察、分析，判定遗迹和遗物的形状、种类及它们的分布情形。

在秘鲁海岸的安第斯山脉有一个纳斯卡高原，高原上有块沙漠，当地人称作帕姆帕，意思是"绿茵遍地"。可是，实际情况恰恰相反，纳斯卡高原是世界上最干旱的地区之一，一年之中很少下雨，甚至几年才会下一场雨，而帕姆帕沙漠更是寸草不生、滴水难寻，地面上长年覆盖着黑色沙砾。

在世人眼中，除了干旱以外，纳斯卡高原也许没有其他吸引人的地方了，不过，到了20世纪30年代，人们才发现，原来这座高原并不如过去所想的那样平淡无奇。

这是很普通的一天，一位飞行员驾驶着单座螺旋桨飞机沿着秘鲁海岸飞行，在距地面约500公尺的空中，他看到了纳斯卡附近山谷之中的帕姆帕沙漠。可是，沙漠看上去与众不同，除了沙砾外，在沙漠中还纵横交错着像运河一样的白色带状网络。这一发现让他吃惊不小，他立刻画下了这块沙漠的图形，并且也标明了他所看到的"运河"。

飞行结束之后，飞行员将自己绘制的地图交给了秘鲁首都利马的民族博物馆馆长，并且亲自向他讲述了自己的发现，他激动地说："那是一块奇特的沙漠，其中贯穿着运河。"可馆长听了，并没有在意，长久以来，他听到的都是干旱的说法,怎么可能会有运河呢?于是,等飞行员离开后,他就吩咐人把那张地图存放在古代文书保管所的档案里面,再也不去管它。

事情过去了几年,一位叫科逊克的教授来到了博物馆,他无意中发现了那张地图,不由得产生了浓厚的兴趣。看着地图上互相交错的线条,以及由线条组合成的几何图形,这位印第安历史学家本能地想到,这块沙漠会不会是消失的绿洲呢?不然,这么多线条代表什么?为了弄清楚自己的疑惑,他向人打听当年飞行员讲述的情况,然后决定组织考察队前往帕姆帕沙漠。

考察队来到了灼热的沙漠之中,他们在黑褐色的沙砾上寻找着,果真发现了一些浅浅的沟壑。这些沟壑深度不过15~20公分左右,宽度不到10公尺。有的浅沟又长又直,有的却弯弯曲曲,有的十分短。看着这些奇怪的浅沟,考察人员疑惑了:这些浅沟到底是做什么的呢?即便这里曾经是绿洲,人们也不会用这么浅的沟渠来灌溉农田的啊。

为了弄清楚这些浅沟到底是不是远古灌溉管道遗留下来的痕迹,队员们开始进行实地测量,他们手里拿着指南针,一边沿着浅沟前进,一边在地形测量图上记载下每条浅沟的方位及形状。

测量工作很快结束了,各种各样的浅沟在测量图上被清晰地标示了出来。他们把这些图陆续交给了科逊克教授。教授拿过所有的测量图,一看之下,不禁目瞪口呆,他立即招呼队员们:"快来看,这是一副巨鹰的图案!"

队员们聚拢过来,望着图案也惊呆了,巨鹰的形象清晰可辨,它的翅膀展开着,栩栩如生。这个发现令人震惊,他们立刻展开了更多测量工作。不久,这些浅沟陆续被绘制到图上,结果表明,它们都是组成不同图案的线条。有的是章鱼,有的是蝴蝶,形态各异,活灵活现。

这高原古城的奇迹从此被展现在了世人面前,然而,至今人们还无法得知,这些神秘莫测的图案,到底是谁的杰作,它又是为了什么被创造出来的呢?

飞行员的偶然发现引发了纳斯卡高原古城的考古活动,而现如今,航空考古学也是考古学中不可缺失的一部分。

所谓航空考古学,是指使用飞机从空中向地面摄影,通过对所得照片的观察、分析,判定遗迹和遗物的形状、种类及它们的分布情形。

第一次世界大战末期,英国、法国和德国的考古学者曾经利用空军侦察地形时所摄的航空照片,探寻地面上的古迹。战争结束后,这项工作进一步开展,奠定了航空考古学的基础。此后,航空考古学的技术不断改进,特别是人造卫星的发明和摄影技术的发展,使得航空考古学的效果大大提高。

通过航空摄影和航天摄影显示和判别遗迹的方法,大体上可分3类:

(1)由阳光斜射时产生阴影显示遗迹的方法,如堤坝、城墙和坟丘等遗迹的显示;(2)因土质不同而产生的土色明暗判别的方法,如坑穴、壕沟和道路等遗迹的辨别;(3)从谷物、野草等植物的绿色深浅差异而判明的方法,如村落、都市、农田、道路、运河等遗址的判明。

卡尔·莫克,德国探险家,1871年在非洲津巴布韦土丘发现了俄斐遗址。

高原奇观——考古天文学

考古天文学是使用考古学的手段和天文学的方法来研究古代人类文明的各种遗址和遗物，从中探索有关古代天文学方面的内容及其发展状况的学科。

科逊克教授带领的考古队始终没能找到答案，这时，第二次世界大战爆发了，考察计划被迫停止了下来。

虽然考察队无法考察纳斯卡高原了，但一位当地的女教师接手了这项工作。她曾经从科逊克教授那里学习过有关测量的方法。于是，在无人协助的情况下，她一人开始了浅沟考察工作。日复一日，年复一年，女教师找到了许多图案，有高达80公尺的卷尾猴，几乎长达180公尺的蜥蜴，等等。最为重要的是，

她还发现了一些巨大的人形图案,其中一人高达620公尺,一人没有脑袋,却长着6个手指。

二战后,科逊克返回纳斯卡高原时,女教师把这些图案全部拿给他。科逊克非常激动,结合两次记录下的图案,他有了一个重大发现。许多笔直的浅沟保持着由南向北的方向,与指南针的刻度相对照,其精度相差还不到一度!科逊克是研究古代印第安文化的教授,他明白,由于该地区处于南半球,古代的印第安人根本看不到北极星,所以他们无法进行南北方向的定位,而他们也没有使用指南针的记载。那么,为什么会在帕姆帕沙漠出现这么多由南向北的线条呢?它们意味着什么呢?

带着这个深深的疑惑,科逊克和女教师又投入到考察当中。这天黄昏,当他们正在观察那幅最早发现的巨鹰图案时,即将落下的太阳放射出余晖,恰好覆盖在那条与巨鹰的长喙相连的浅沟上。科逊克一下子看到了这个奇异的现象,他惊奇极了,忙喊女教师观看。两人站在余辉下,目不转睛地看着余光与线条完美地重合,一时间谁也没有说话。

细思之下,科逊克发现,这天是冬至,是天文学上的一个重要日期,这一切是否有什么联系吗?为了探索线条与天文的关系,半年后的夏至,科逊克早早地等候在巨鹰的长喙旁边,期待重合现象再现。果然,半年前的一幕重新上演了,日落之时的太阳光线与那道笔直的长长的浅沟又完全重合在了一起!

从两次观察的结果中,科逊克推测,帕姆帕沙漠中出现的各种图案应该与天文现象有关,这些图案有可能与星相的运转有着直接的关系。而后来的学者还说,所有的图案有极大的可能是某种宗教中的符号,并且由它们构成了一部历法。

考古天文学是使用考古学的手段和天文学的方法来研究古代人类文明的各种遗址和遗物，从中探索有关古代天文学方面的内容及其发展状况的分支学科。

200多年前，人们在对英国索尔兹伯里以北的巨石阵遗址进行考察时，发现两块石头的连线指向冬至时日落的方向，从此揭开了考古天文学的序幕。20世纪初，英国天文学家洛基尔更是进一步指出巨石阵是古人建造的观象台。随后，人们除了巨石阵外，开始注意其他各种与天文有关的巨石结构和古建筑，考古天文学的规模初步形成。

考古天文学具有一定特色，这就是它研究的范围侧重史前时期。史前阶段没有文字，考古材料是了解当时人类文明的最主要的依据，因此，考古天文学对天文学史的研究有很大意义，对考古学乃至现代天文学也有一定意义。

张居中，长期以来一直从事新石器时代早期考古学研究和全新世早期人类学、环境考古、农业考古、科技考古、音乐考古、陶瓷考古等专题研究，先后主持或参加十多个大、中型考古发掘工作。

尼罗河上的漫游——埃及学

埃及学是研究古埃及文明的语言、文字、历史及文化艺术的学科。

自从让·弗朗索瓦·商博良破译了罗塞塔石碑上的文字之后,考古学家对于埃及的研究兴趣日浓。在这些考古学家中,有一人不得不提,此人名叫爱德华兹,1831年出生在英格兰,自幼喜爱四处漫游。

1873年,爱德华兹根据自身游历写了一本书,书中讲述了她穿越意大利北部唐拉米提山脉的漫游,书一经出版,备受大众喜爱。这次成功极大地鼓舞了她,第二年,她再度去欧洲旅行。十分不巧的是,这次旅行正逢雨季,阴雨连绵,难得有个好天气。身陷漫长的淫雨季节里,爱德华兹非常渴望晴朗的蓝天,因为只有晴天才是旅行的好日子。

为了寻求晴朗的蓝天,她开始往南漫游。不知不觉,她到达了一个她从未打算过要去的地方,这就是埃及。当爱德华兹一脚踏上埃及的土地时,她立刻被那里的景色迷住了,无比浩瀚的沙漠、古老的遗迹、迷人的尼罗河,这一切都是她想所未想过的,如今真实地呈现在眼前,这是多么浪漫又刺激的事情。

考察了开罗之后,爱德华兹被深深地打动了。她为了全面地了解埃及,租用了一条船,并且聘用船上的船员,与他们一起沿尼罗河逆流而上,作一次漫长的旅行。在路途上,她勤奋地记录和测绘着所见的古迹、寺庙和其他遗迹,并将所有古迹的记录制作成勘查报告,然后汇编成册。

经过漫长的旅行和坚持不懈的努力,1877年,爱德华兹的漫游报告发表了,

这篇文章以《尼罗河行记》为题,不仅生动地讲述了旅行经历,而且提供了丰富翔实的考古资料,是一篇重要的学术论文。结果,文章发表后,得到许多极富声望的考古学家的赞誉,也引起了广大读者和考古学界的极大兴趣。

就这样,爱德华兹由普通的旅行者成为了考古界著名人士,她从此跨入了考古学这一行业,专门研究有关古代埃及的问题。为了更好地鼓励人们研究埃及,她还帮助英国的大学设立了旨在研究古代埃及文物的专门学科——埃及学。1891年,她又出版了另一本有关埃及的书,极大地推动了埃及学的发展。

爱德华兹对埃及学的形成和发展做出的贡献是毋庸置疑的,因此,在她去世的那一年,她被公推为第一位埃及学家。

埃及学是研究古埃及文明的语言、文字、历史及文化艺术的学科,既包括考古学内容,也涉及建筑史、医学史等,是世界考古和世界历史研究中的重要学科。

自古希腊罗马时期以来,西方世界便对埃及文明抱有浓厚的兴趣,文艺复兴后,随着学术探讨、考察和资料搜集日渐增多,终于发展成埃及学这门近代人文科学的学科。1822年,法国学者让·弗朗索瓦·商博良成功释读古埃及象形文字,成为埃及学诞生的标志。

埃及学研究范围很广,既包括古埃及文明年代(公元前3500年~公元前332年),也包括此前的新石器时代以及此后的希腊罗马统治时期。19世纪,西方史学界把埃及分为早期王朝、古王国、第一中间期、中王国、第二中间期、新王国、后王朝7个阶段,加上早期王朝之前还有一段奴隶制小国萌生发展的前王朝时期,总共8个阶段,概括了古埃及文明发生、发展、繁荣以至衰亡的历史。

米歇尔·布鲁内,出生于1940年,法国古生物学家、考古学家。2001年7月,在阿富汗发现了一块距今有600万~700万年的人头骨,很多人类学家认为它可能属于迄今为止人类进化谱系中最早的原始人类。

波尼托村落的木梁
——树轮年代学

树轮年代学,是使用树的年轮来确定考古文物和废墟遗址年代的学科,这门学科特别适用于气候干燥、木料保存完好的考古工作。

波尼托村落遗址虽然遭到了维士利尔等人的胡乱发掘,但因为环境的缘故,它依然算是保存得比较好的遗址。在这里,人们看到了一个奇观,地板和屋顶都用木梁支撑着,每间屋子大约需要40根。这些木梁都是独根的杉树或者松树,笔直粗大,十分壮观。从整个废墟遗址情况来看,查科峡谷地区的村落群大概用了近25万根木梁!这可不是个小数目,要把这些树木从40英里外的森林搬来,需要多大的力气!由于峡谷地区气候干燥,许多木梁至今保存完好。更奇妙的是,这些木梁竟然帮助考古学家们解开了一个考古学难题。

一直以来,确定废墟遗址的年代是考古学家最紧迫又最棘手的问题,为此学者们发明了很多办法,像碳-14测定法等等。如今,波尼托村落究竟存在了多久,当然是考古学家首要关心的问题,一时间出现了不少说法,可是究竟如何确定,大家却各执己见,互不服气。

天文学家安德鲁·E·道格拉斯根据多年研究经验,提出了新的看法。大家都知道,树的年轮每年会增加一圈,而年轮的情况也能反映某种气候条件,如果当年雨水充足,那么树木就生长得好,年轮也会比较宽,反之亦然。而作为天文学家的道格拉斯知道,太阳黑子每11年是一个活动周期,太阳黑子的运动会对地球上的气候产生极大的影响,那么,波尼托的木梁在成长时应该也会受到影响,透过这些痕迹的研究,应该可以知道村落存在的时间。

于是,道格拉斯决定对树木进行研究,以确定他的推测。经过长期的研究,他逐步建立起了以树轮为基础的树轮年代学。之后,他开始用这种方法检验波尼托村落木梁的年轮,他试图比较树年轮的排列形式;如果有两组标本重合,他将近期标本和过去的标本从时间的角度连接起来,最终成功地将年轮学的比较记录扩展到了近2 000年以前,现在,他可以推断出村落的存在时间了。

随着树轮年代学的创立和发展,很多考古学家开始使用道格拉斯的方法来确定年代,考古工作得到了长足的发展。

树轮年代学,是使用树的年轮来确定考古文物和废墟遗址的年代的学科,这门学科特别适用于气候干燥、木料保存完好的考古工作。

树木每生长一年就会增加一轮,这是众所周知的事情。根据计算树木年轮对树木断代的技术,从20世纪20年代起开始用于考古学,并且相继取得成功。除了断代外,树轮还可以提供气候方面的证据,因为气候能影响树轮的宽窄。这促发了另一门学科——树轮气候学的诞生。

树轮气候学是树轮年代学的一个旁支,是研究树木和气候之间关系的学科。树轮气候学可以让考古学家透过检查树木的年轮追踪过去某一段时期内气候和天气的变化,结合相关的信息,了解当时的气候情况。

科尔德,德国考古学家,1899年,他带领考古队在古巴比伦遗址发掘时,发现了著名的"空中花园"遗址。

打捞水底沉船——水下考古学

水下考古以人类水下文化遗产为研究对象，对淹没于江河湖海下面的古代遗迹和遗物进行调查、勘测和发掘。

英国人哈彻是一位专门从事海底寻宝的人物。1980年，他听说中国南海附近发现了沉船，急忙前往现场考察。原来，一位菲律宾渔民在中国南海一海岛附近打鱼时，意外发现了一艘大约是15世纪沉没于海底的中国古船，从中打捞出许多瓷器。哈彻了解了情况后，立刻组织人员在新加坡附近海域搜寻，果真找到一艘中国古船，打捞出两万多件中国古瓷。这些古代瓷器价值不菲，哈彻将之全部拍卖，获取了暴利。

尝到甜头的哈彻开始专注于打捞中国古代沉船，几年后，又一次机会来了。这次，他打听到1752年，荷兰东印度公司名下的斯尔德麦森号商船，曾装着17万件中国康熙年间的瓷器和125块打有"南京马蹄金"印记的金锭，从中国南京出发回国，可是，船只航行到新加坡附近海域时，遭遇大风暴失事。从此，这艘装有巨额财富的商船沉没水底，再也没有人知道它的下落。如今，哈彻听说了事情的前后经过，立即意识到这是个很好的机会，他立即组织人员在新加坡附近海域探察，不久竟然找到了这艘沉船。

哈彻搜集了沉船上所有值钱的物品，并把瓷器运到荷兰阿姆斯特丹，交给拍卖行拍卖。在水底沉睡了233年的商船重新出现，这是多么令人震惊的事情。1986年4月，上千名来自世界各地的投标者云集拍卖现场，竞相拍买各种瓷器,拍卖场上人头攒动,气氛异常热烈,各种瓷器卖价一路飙升。有的估价600美元的瓷器,竟然卖到15 000美元。可想而知,这次拍卖十分成功,哈彻又一次大获其利。不过,很多人都没有注意到,拍卖现场多了两个中国人。这两人是北京故宫博物院的古瓷专家,他们受中国文物部门的指派到现场看看有无可买的东西。可是,令他们非常无奈的是,他们手中的钱买不了一件像样的瓷器,于是只好眼睁睁看着成千上万的古瓷全部流散在海外。此情此景,深深地刺激了两人,使他们萌生了一个念头:建立中国水下考古队伍,打捞南海沉船。

1987年,中国历史博物馆成立了中国水下考古学研究室,拉开了中国水下考古的帷幕。水下考古队伍建立后,很快取得很大成绩,他们发现多处中国古代文化水下遗存,采集到大量中国不同历史时期的水下文物,重现了海上丝绸之路,促进了水下考古事业发展。

水下考古学是考古学的一门分支学科,是陆地田野考古向水域的延伸。它以人类水下文化遗产为研究对象,对淹没于江河湖海下面的古代遗迹和遗物进行调查、勘测和发掘,运用考古学所特有的观点和研究方法作为认识问题的手段并使其发挥应有的作用。

19世纪中叶,瑞士湖上居址的确认成为水下考古学诞生的标志。1943年,水中呼吸器发明后,方便了水下工作,为水下考古提供了基本条件。1960年,美国考古学家乔治·巴斯在土耳其格里多亚角海域调查发掘公元7世纪拜占庭时期沉船遗址时,首次运用了考古学方法,成为水下考古学发展史上的一个里程碑。

沃尔克·贝格曼,瑞典考古学家,24岁加入中瑞西北科学考察团,追随斯文·赫定在中国度过了8年时光,发现了"居延汉简"和"小河古墓"。

穿越两千年的完美音色
——音乐考古学

音乐考古学是依据音乐文化遗存的实物史料,借助考古方法来探讨音乐史、乐器史直至历史上的音律形态、音阶形态等音乐学课题的一门学科。

曾侯乙墓成功发掘之后,先后出土了众多有价值的文物。而在这些文物中最为重要也最为知名的,就是青铜铸造的成套的曾侯乙编钟。

在考古界,对于出土文物的传统做法就是将其保存好,然后写发掘报告,进行下一步研究工作。现在,应邀而来的各路专家对编钟进行了研究,按说只要写好发掘报告,将它保存好就行了。可是领导发掘编钟的谭维四却有了新的想法,他想:编钟既然是个乐器,为什么不听听它的声音呢?当然,要听到它的声音,就要去敲。当他把自己的想法告诉大伙时,立刻遭到了很多人的反对,要知道,对于文物,大家可是连触摸都小心翼翼的,至于去敲击它,那真是闻所未闻的事了。反对者非常地紧张:"这么好的文物,敲坏了怎么办?简直是不爱惜文物。"

谭维四听了,并没有因此打消敲响编钟的念头,相反,他设法请来了古文字专家裘锡圭等人,让他们研究编钟上的铭文,了解编钟的发音规则。

裘锡圭等人经过辨认,得知了铭文的意思。原来,这上面果然记载着编钟的发音规则,以及敲击规律等。于是,谭维四将目光转移到与编钟一起出土的有六个丁字形的木槌和两根长长的圆木棒上面。他想,木锤是用来敲击小钟的,可是,那些大钟怎么办?难道与长木棒有关?自从出土以来,人们一直认为长木棒是用来支撑编钟架的。

就在众人疑惑之际,一人拿起木锤说:"能不能用这个敲?"说着,他敲击了几下大钟。就听发出几声破锣样的声音,实在太难听了,在场的人无不捂住了耳朵。谭维四顺手拿起木棒,在那人敲击的地方敲了几下,顿时,难听的声音没有了,取而代之的是悠扬悦耳的声音。大伙惊喜地睁大了眼睛,为听到来自远古的乐音而激动。

既然已经亲耳听到了如此动人的音色,谭维四就很容易说服众人了:"编钟既然是乐器,我们就不能只见其形,不闻其声。"他打算搞一次演出,让更多人听一听编钟的声音。很快,他们召集了一些音乐家,经过排练,开始了编钟出土以来第一次演出。他们用编钟演奏了古今中外好几首曲子,演出获得巨大成功,一下子轰动了世界。

人们对于 2 000 年前的乐器演奏充满了好奇心,越来越多的人希望听到远古之音。因此,许多人都要求倾听编钟演奏,要求举办更多的演出。可是,编钟毕竟是文物,要是天天演出,必然会对之造成损伤。怎么样才能既满足大众需求,又可以保护编钟呢?

又是谭维四想到了办法,他提议复制编钟,用复制品为大众演奏。可是这个提议照样遭到了反对,他们说:"我们是博物馆,把编钟保存好就行了,复制什么?要是有人想听编钟演奏的乐曲,放放录音不就得了。"

然而,谭维四与他们想的不一样,他希望更多人能够了解编钟,到现场观看演出。所以,接下来的日子里,他不厌其烦地陈述复制编钟的好处,并向有关专家请教复制的技术。

1979年,复制研究终于得到认可,3年后,28件样钟复制成功了。又过去两年后,编钟全部复制成功了。这年的10月1日,整套复制编钟被搬到北京,开始了它令世界陶醉的演出。

音乐考古学是依据音乐文化遗存的实物史料(发掘而得的或传世的遗物、遗址、遗迹,如乐器、乐谱、描绘有音乐生活图景的古代造型艺术作品等),借助考古方法来探讨音乐史、乐器史直至历史上的音律形态、音阶形态等音乐学课题的一门科学。

音乐考古学的研究范围与考古学既有联系,又有区别。最初对音乐文物的考古研究是作为考古学的一个分支与美术考古、丝绸考古、陶瓷考古、青铜器考古等学科并立的,可是,随着研究深入和角度变化,研究内容已经渐渐超出考古学范围。比如,对于古陶埙的研究,可以借助陶瓷考古的手段及其已有成果来鉴定它的形制、年代、文化属性等。可是由此引出的古埙音阶问题,却属于古代乐律学的研究范畴,因此,音乐考古从音乐学角度起回馈作用,以帮助考古学的研究。

亨宁·哈士纶(1896~1948年),丹麦探险家,丹麦来华传教士后裔。对蒙古音乐在欧洲的传播做出了巨大贡献,被誉为"蒙古活佛的前世兄弟"。

史前的西斯廷教堂
——美术考古学

美术考古以田野考古发掘和调查所获得的美术遗迹和遗物为研究对象。

这是1879年的西班牙,考古学家桑图拉打算再次到阿尔塔米拉山洞里去寻找古代遗物,4年前他曾经在这里发现了许多动物的骨骼和燧石工具。可是他5岁的小女儿无人看管,于是他干脆带着女儿一起来到了山洞。

进了山洞,桑图拉嘱咐女儿玛丽亚乖乖在一旁玩耍,不要打扰自己的工作,然后便埋头专注于在地上挖掘了。小玛丽亚无事可做,又不能离开父亲身边,只好百无聊赖地东张西望。忽然,她大叫起来:"爸爸,你快看!你快看!"

桑图拉正忙着做事,无暇他顾,头也不抬地安抚女儿说:"乖!爸爸在做事,你自己玩吧。"

可小玛丽亚又叫了起来:"爸爸看,这里有牛!牛!"牛?听到这里,桑图拉连忙抬起头来,玛丽亚正用手指指着洞顶,顺着她手指的方向看去,桑图拉立刻呆立在那里,简直忘了呼吸。

洞顶画着的是许许多多的

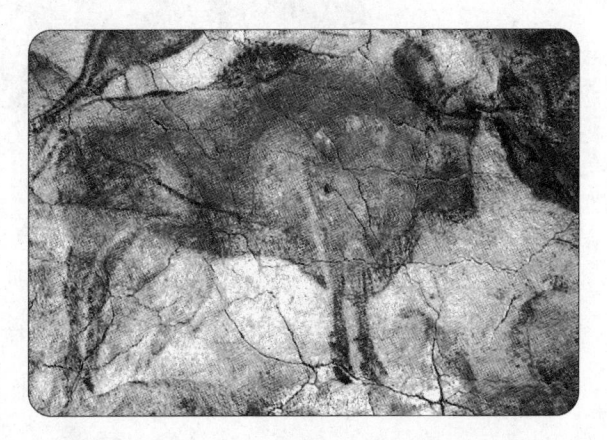

动物,种类繁多,色彩各异,野牛、野马、野鹿、红色、黑色、黄色和深红色。整个洞顶上的画足足有15公尺长,20多只动物神态各异,有的在奔跑,有的似乎受了伤,但都栩栩如生。桑图拉仔细看下去,发现这些画是事先在洞壁上刻出简单的轮廓,然后再涂上颜色的,画作十分地生动自然,画家甚至还借助了洞壁天然的凹凸不平来表现出极富立体感的造型。

激动的桑图拉将这些壁画复制下来,并交给了里斯本的一个国际性学术组织,但是,当时的学术界拒绝相信这是原始人留下的绘画作品,要知道,即使是距今几千年前的壁画,水平还依然非常地拙劣,因此人们不相信在几万年前就有了如此生动细致的绘画作品存在,他们认为这是桑图拉为了赢得声誉而伪作的。直到1902年,随着新的考古方法的诞生,人们才确定了这些壁画确实是30 000年前留下的作品。

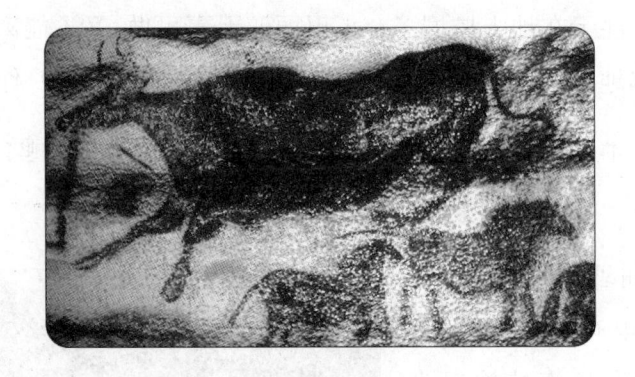

至此,这小女孩无意中的发现震惊了全世界。当时,学术界在欧洲发现的旧石器时代文化物品还仅限于小型的骨头与石头雕刻等,对旧石器时代文化知之甚少,而阿尔塔米拉山洞里这些画作的发现正好弥补了这一空缺,是最早被发现的旧石器时代的壁画。而鉴于阿尔塔米拉山洞壁画非凡的艺术价值,人们更称它为"史前的西斯廷教堂",认为它堪与米开朗基罗手下的西斯廷教堂壁画相媲美。

为什么3万年前还居住在洞穴里的原始人能够有如此惊人的艺术成就,至今还是一个未解的谜,而这个谜,恐怕要通过美术考古学来解答了。

美术考古学是考古学的分支学科,以田野考古发掘和调查所获得的美术遗迹和遗物为研究对象。它从历史科学的立场出发,依据层位学、类型学等考古学研究方法,结合古代文献以及传世的有关遗物,阐明美术的产生、发展过程以及与物质文化发展的联系,为人类文化史研究提供准确可靠的实物例证。

在世界范围内,近代考古学的萌发,与欧洲文艺复兴后人们对希腊、罗马等古典美术品的收集关系密切。随着考古学逐渐发展成一门严谨的科学,作为考古学分支的美术考古学,才与从审美的观念研究美术的美术史区别开来。

美术考古学研究的主要内容,可以概括为建筑、绘画、雕塑、工艺美术几类。

蒙特柳斯(1843～1921年),瑞典考古学家。史前时代文化研究工作的开拓者之一。曾任斯德哥尔摩国立博物馆馆长、教授。重点研究欧洲史前文化的分期和年代,尤其关注北欧、西欧青铜时代的文化。主要著作有《青铜时代年代问题》、《异教时代的瑞典文明》等。

刻着秘密的石头——铭刻学

铭刻学是考古学分支学科之一，以古代镌刻在金属、石头、泥板、象牙等材料上的铭文或图案为研究对象。

在秘鲁纳斯卡平原北部有一座名为伊卡的小村庄，村子不大，但闻名遐迩。奇怪的是，人们并非对这里的风景感兴趣，而是对当地的石头博物馆颇感好奇。

说起石头博物馆，也许很多人会说："世界上有的是奇石怪峰，为什么这里的石头如此闻名呢？难道它们有什么奇特之处？"

正是如此，当地的石头确实独具特色。此地博物馆里陈列着的一万多块石头上，都刻着奇怪的图案，这些图案的内容展示着器官移植手术、输血、望远镜、医疗器械、追逐恐龙的人等等先进的文明景象，有几个图案甚至描绘出了1 300万年前从太空中看到的地球。有关学者从图案中推测，刻石上记录的是一个业已消失的远古文明。

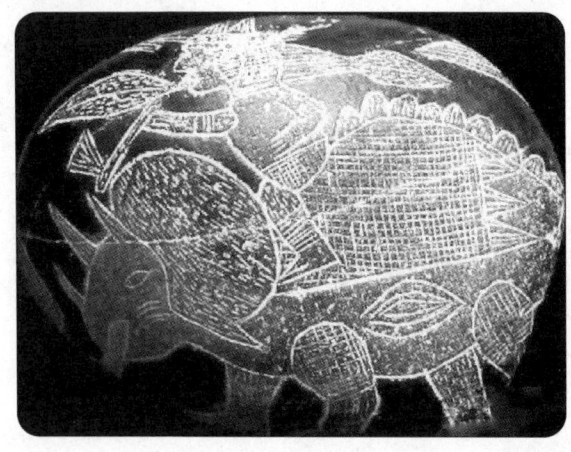

探讨石头的秘密，就要从它们的来历说起。有一年，伊卡所在地区发生了洪水。洪水漫过之后，人们紧张地投入到重建家园的工作中。这时，一位农民突然宣称他在附近的小山上躲避洪水时发现了一处洞穴，里面存放着大量刻着图案的石头。

由于人们对石头上的图案感兴趣，于是这位农民就陆续地拿出石头出售，经营起了石头生意。为了独占洞穴的石头，那位农民对洞穴的位置一直保密。可是，那些石头被卖出去后，一传十，十传百，很快引起了专家们的注意。在专家们的参与下，伊卡成为了考古的新焦点。秘鲁政府也得知了这件事，他们认为那位农民私自出售文物是违法行为，就把他逮捕了。

那位农民害怕被判刑，就招供说那些石头是他自己刻的，他的目的就是为了挣钱。这样一来，农民获释了，那些石头也成为"骗局"的象征。秘鲁政府出面宣布，这是一场闹剧，毫无科学根据，请人们不要再上当了。

刻石的事情似乎就这样过去了，伊卡又恢复了昔日的安宁。可是，细心的专家们却没有就此罢手，他们仍有诸多疑惑：一个几乎没有受过教育、不具备丰富科学知识的人，怎么能够如此精确地刻画出这样的图案？更何况刻石上显示的都是十分先进的高科技，甚至有些现在的人类科技还不曾具备。更加令人不解的是，那位农民一共出售了15 000多块石头，只要细心一算就会发现，即使他一天刻一块石头，那也需要耗费40多年才能刻完这么多石头。这就无法解释他怎么会突然间就拥有了那么多刻石。另外，专家们在早期的西班牙编年史中，还了解到了当地古墓中发现刻石的记载，西班牙人还曾陆续将这些石头运回欧洲。这点说明，那位农民尚未出世前，就已经有人发现刻石了。

在诸多困惑干扰之下,专家对刻石进行了化验,结果表明,这些石头是产于当地河流之中的一种安第斯山石,表面覆有一层氧化物。进一步鉴定显示,石头上的刻痕历史极为久远,绝非现代人所为。同时,他们在发现刻石的山洞附近,也发现了无数几百万年前的生物化石。因此可以肯定,刻石应该来自古代的文明社会。

然而,这个远古文明为什么会有这么先进的科技,他们又为何会消失湮灭,这无数的未解之谜,恐怕还需要漫长的时间去揭示真相。

铭刻学是考古学分支学科之一,与中国过去的金石学相类似。以古代镌刻在金属、石头、泥板、象牙等材料上的铭文、图案为研究对象。其内容包括识文字、读文句、抽译文例、考证铭文内容及断代等。对研究古代社会的历史和语言文字具有重要价值。

18世纪,不少学者在凭吊埃及、希腊、罗马古迹时,喜欢把这些古迹描绘下来,临摹铭文,加以制版印行,供做研究。这促使了铭刻学的诞生。19世纪初,楔形文字铭刻的发现,使铭刻学得到发展,特别是罗林逊考释了古波斯文后,更是激发了后人对于各种铭刻文字的兴趣。

古斯塔夫六世阿道夫(1882~1973年),瑞典国王,对中国陶瓷颇有研究,曾经来华探测矿藏,组建"中国委员会",被公认为西方最伟大的中国考古和艺术鉴赏家。

解剖马王堆女尸——科技考古学

科技考古指用现代科技手段获得古代人类社会遗存、遗物和遗迹的潜信息，从而尽可能地恢复古代人类社会的面貌。

马王堆女尸堪称是考古史上的奇迹，自从她被发掘出土后，人们就汲汲于解开她身上的一切谜团。

当人们开始发掘马王堆墓穴时，就对墓主人的身份做过多种不同的猜测，随着墓穴的打开，巨大的棺木呈现眼前，渴望知道墓主人身份的心情就更加强烈了。开棺的过程与以往不同，庞大的棺材套装有4层，最里面才是安放墓主人遗体的内棺。内棺打开，身着盛装的墓主人遗体呈现在考古人员眼前。人们发现，她身上裹了20层衣物，有丝绸、麻织品，春夏秋冬的衣服几乎都全了。为了剥开她身上的丝织品，考古人员花费了整整一个星期的时间。在揭衣物的过程中，强烈的酸臭气挥之不去。为此，人们不由惊异地猜测着：如果尸体早已完全腐烂，不可能有这种气味。难道尸体还没有腐烂？果真如此，可是奇迹啊！

人们焦急地等待着答案。一个星期后，答案揭晓了。在场的人看到了一具保存完好的新鲜尸体，她的皮肤仍旧是淡黄色的，用手按压还有弹性，有些关节还能活动。面对这具奇迹般保存下来的湿尸，人们惊得目瞪口呆。

为了进一步了解女尸的生理状况，考古人员决定对古尸进行解剖，这项工作由湖南省的医学专家负责。为了确保解剖成功，手术过程中请来了包括放射科、皮肤科、口腔科、妇产科、内科、外科、耳鼻喉科在内的几乎所有科室的专家。

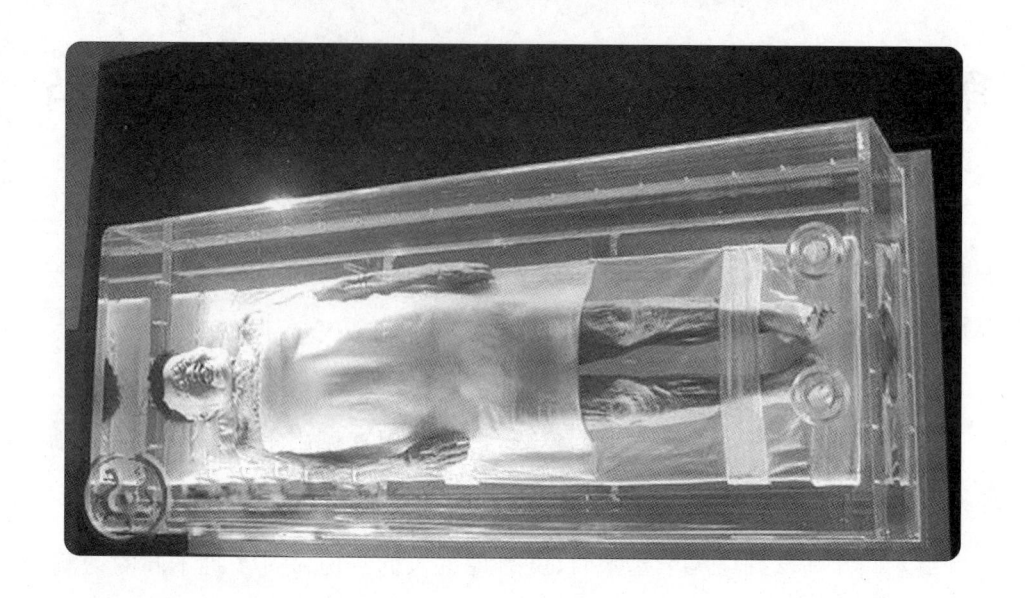

解剖进行得比较顺利,结果显示,墓主人50岁左右死亡,生前患有冠心病、多发性胆石症、日本血吸虫病、第四五腰椎间盘脱出或变形、右臂骨折等多种疾病,从她光滑的皮肤来看,应该属于猝死,并非久病不愈而亡。

既然多病缠身,这位高贵的墓主人究竟死于哪种病因呢?

医学专家准备揭开她的死亡之因。为此,他们进一步解剖了女尸的胃肠,从中发现了138粒还没有消化的甜瓜子。这位墓主人生前患有胆结石,一块石头堵在十二指肠口,而甜食容易诱发此病,也就是说,她死的前一天,可能因为过多地食用甜瓜发生过胆绞痛。另外,墓主人有严重的冠心病,百分之七十的主动脉堵塞,胆绞痛又诱发了冠心病。这就是她猝然死亡的原因了。

至此,通过解剖人们清晰地了解到了2 000多年前人类的死因,这在考古史上是绝无仅有的事情。另外,解剖还显示了尸体得以保存完好的部分原因。原来,尸体安葬后,曾经受到细菌侵蚀,因此尸体解剖显示了早期腐败症状。所幸的是,尸体只是暂时地被细菌侵蚀了,随后便成功地阻止了大自然的进攻,她也就此保存下来。

但是,女尸究竟为何没有像普通尸体一样腐朽,或者像木乃伊一样干燥,这依然是考古界乃至科学界的重大困惑之一。至今,仍没有哪种解释能让人完全信服。

科技考古指用现代科技手段获得古代人类社会遗存、遗物和遗迹的潜信息,从而尽可能地恢复古代人类社会的面貌。

第二次世界大战以后,世界范围内的自然科学、技术科学迅猛发展,促进了考古研究方法的革新,极大地扩展了考古学研究的深度与广度,产生了许多崭新的分支学科、跨学科的研究,生物学、化学、电子计算机等被广泛应用于考古活动。现代科学技术在田野考古勘探、发掘和研究的应用程度,已经成为当今衡量考古学现代化、科学化的重要标准。

为了赶上世界考古学发展的步伐,加速中国考古学现代化、科学化的进程,中国社会科学院于1995年成立了考古科技中心。

裘琴逊·汤姆逊(1788~1865年),丹麦考古学家,提出著名的"三期论",分析出人类曾经历石器、铜器和铁器三个时代。

瓦罐中的圣经——宗教考古学

宗教考古学是以有关宗教的文化遗存作为研究对象的考古学分支。

世上的事总是这么奇怪，似乎冥冥之中早就有所安排一样。比如《旧约》里有很多预言，后来都应验了。于是人们不得不怀疑，以为《旧约》是事后伪造的，否则怎么会预言得这样准确？

但是，一个普通人在一次平常劳动中的意外发现，却消除了人们的疑虑。

这是1947年，在死海附近，一个阿拉伯牧人正在牧羊。这是他的日常工作，他每天都要赶着羊群寻找水草茂盛的地方，好让羊群吃饱。这群羊是他家的重要财产，因此照看羊群也就是重要的事情。

羊群在草地上争先恐后地吃着草，生怕错过一棵嫩芽。牧人站在草坡上，前后观望，四下里并无一个人影。他不免有些寂寞，躺下来望着蓝天出神。

又过了一会，太阳渐渐偏西，大地暖洋洋的，牧人躺不住了，他爬起来准备驱赶羊群。可是羊群依旧埋头努力地啃着草，似乎早就忘记主人了。牧人想了想，没有去惊动羊群，而是顺手捡起一块石头朝远处扔去。他扔了一块，觉得有趣，又捡了几块扔出去。这个简单的游戏此刻充满了情趣，使得牧人心情豁然开朗。

牧人一次次地扔着石头，一次次倾听着石头落地的声音。忽然，他觉察到一块石头落地的声音有些奇怪，与其他石头落地的声音不同。为什么呢？他好奇地跑到石头落地的地方，打算一探究竟。石头落在了一片草丛里，他拨开草丛，竟然看到一个洞口。牧人大吃一惊，他伸着脑袋往洞里观望，发现里面地方不小，而且还有很多瓦罐。真是不可思议，这些瓦罐是干什么的？怀着极大的好奇心，牧人伸手取出一个瓦罐。当他取出瓶子打开来一看时，更是惊讶得张大了嘴巴。原来，罐子里装的竟是《圣经》！牧人虽然识字不多，可他知道《圣经》。于是，他急忙将所有的瓦罐取出，并将这个发现告诉了其他人。

后来，有关学者了解到这件事情，他们经过研究，鉴定坛中的《圣经》是公元前200年的手抄本，将之称为"死海古卷"。那么，这些古卷是何人抄写的？为什么装在瓦罐里？又为什么扔在山洞里？

进一步的研究发现，公元前200年，犹太人还处在希腊的统治之下，当时，他们与希腊人享有同等的待遇。可是到了公元前150年，东罗马帝国取代了希腊。犹太人害怕罗马人，于是纷纷携带《圣经》抄本离开故土，躲进死海附近的山洞隐居。到了公元前63年，罗马人驱赶了犹太人，不许他们住在此地。犹太人仓皇而走，而手抄《圣经》也就落在洞中。

"死海古卷"的发现和研究属于宗教考古学问题。所谓宗教考古学，是以有关宗教的遗迹和遗物为研究对象的考古学分支。

在古代,宗教信仰普遍存在于人类社会当中。所以研究古代人类社会,必须把宗教活动考虑在内。它的研究对象包括各个时代的神殿、寺庙、祭坛、祭具、造像、壁画、经卷和符号等,这些遗存有的具有一定的美术价值,因此与美术考古学的关系也比较密切。

根据各地宗教信仰不同,宗教考古学分类很多,其中以欧洲的基督教考古学、北非及西亚和中亚的伊斯兰教考古学、南亚和东亚的佛教考古学最为重要,它们都属宗教考古学的领域。

鸟居龙藏(1870～1953年),知名日本民族学家,人类学家,考古学家。他将考古学与人类学相结合,最早对中国少数民族进行调查研究的日本学者。

重现古老造纸术——纸草学

纸草学是研究古代埃及和东部地中海地区用纸草书卷保存的古代文献的学科。

古老的埃及充满了传奇色彩,关于它的纸草造纸术就是众多传奇中的一员。4 000 多年前,聪明的埃及人发明了用纸草造纸的方法,他们用纸莎草制成的纸作为书写材料,用来记录事件,书写文章。这可是非常先进的文明技术,远远超过了当时世界其他地方的文明。遗憾的是,到了大约公元 9 世纪,这种造纸技术突然失传了。

多少年来,纸莎草造纸术成为埃及人的难解之谜,他们不断追寻着,试图恢复这种技术。然而,虽然考古发现的纸莎草纸不计其数,但关于造纸工序却未见详细记载。因此,直到 19 世纪,一直无人揭开这个千古之谜。

历史的重任落在一位叫哈桑·拉加卜的埃及博士身上。这位博士生于埃及亚历山大的一个名门望族,早年从事电力工程工作。1952 年,他参军后参加了推翻法鲁克封建王朝的革命,后被任命为国防部次长,并被授予少将军衔。这位高级官员热衷外交,先后出任驻中国、意大利和南斯拉夫大使。

在出任驻华大使的期间,拉加卜亲眼见到了中国传统造纸术的流传和推广,想到自己国家的造纸术却早早地失传,他产生了一个强烈的愿望——重现埃及的传统造纸术。

1968 年,哈桑·拉加卜开始潜心纸草学研究。不过,说起来容易做起来难,要想恢复造纸术并非易事。拉加卜投入工作后，首先面临的难题就是用来造纸的纸莎草在埃及已经绝迹的现实。没有造纸原料，造纸从何谈起！不过拉加卜并没有气馁，他几经探访，得知当时苏丹还生长着这种草。于是，他花钱从苏丹进口纸莎草的种子，并亲自试种。

可是，试种失败了，纸莎草没有长出来。面对打击，拉加卜毫不气馁，他想了一个新办法，从苏丹进口纸莎草的根部，通过反复试栽获取了成功。

有了原料，下一步就是解决造纸工序的问题了。多年来，无数人曾经探求过纸莎草造纸工序，可无一人成功。现在，拉加卜知难而进，潜心研究。他查阅大量历史书籍，从中了解与造纸术有关的点滴内容，还多次与专家们交流，认真学习古墓画，细心观察已经发现的各种纸草文书的纹理，从中总结经验。工夫不负有心人，经过艰苦的探索和学习，拉加卜攻克重重难关，终于研究出了古老的纸莎草纸制造术。

重获新生的造纸术很快赢得了世人喜爱。如今，埃及纸草画已经成为当地

的象征之一，凡是到过那里的人，没有不购买它的。这些画大多临摹金字塔法老墓壁、神庙廊柱上的画，反映古埃及法老时期的生活习俗、宗教仪式、狩猎征战等情景。一眼望去，浅黄色粗纹纸配上精美的古画，独特的质感使人难以忘怀。

纸草学是研究古代埃及和东部地中海地区用纸草书卷保存的古代文献的学科，是古文字学的分支。

1752年，首次发现纸草文献，随后，各地发现逐渐增多，纸草学应运而生，成为古埃及、古希腊罗马历史研究中的重要内容。埃及古王国后期，当时的埃及人用尼罗河下游一种叫作纸莎草植物的茎切片压平，制成纸草书写文字。到了新王国时期，纸草成为主要书写材料。在希腊、罗马统治埃及期间，纸草传入西亚、希腊等地，使用更为普遍。

已发现的纸草文献主要是公元前4～6世纪的物品，也有一些埃及中王国、新王国时期的珍贵史料。纸草文献多用古埃及文字的世俗体，希腊、罗马统治时，则用希腊、拉丁和科普特文字。20世纪50年代发现的"死海古卷"中的纸草书，是纸草文献遗物中最有名的。

托马斯·杰斐逊（1743～1826年），美国第三任总统，于1784年在美国维吉尼亚州参与发掘一个印第安人墓葬，提出考古学不应单纯利用地质学分层法理论。

一枚独一无二的镍币——古钱学

古钱学以古代钱币为研究对象。旧古钱学主要研究钱币的形制、书体、重量和成分等。新古钱学则透过对古钱的研究，进而探求当时社会的政治经济状况。

陈福耕是上海一位古钱币收藏者，人称"币痴"。1982年，他购买了一罐古钱币，发现其中有一枚样式非常奇特。这枚钱币是一枚5分镍币，只有现今的"1分"币大小，正面中间印着阿拉伯数字"5"，环以珠圈，上下两端皆为英文，背面正中赫然一条蟠龙，上下两端也是英文。他越看越奇怪，就搬出英汉词典细细对照，结果发现，钱币正面上端的英文意思是"伯明翰造币厂"，下端为"英格兰"；而背面的英文，上端是"镍币样板"，下端是"千克"。

得知英文意思后，陈福耕心情激动，多年的收藏经验和丰富的钱币知识告诉他，这绝不是一枚普通钱币！为了确定这枚古币的来历，他连忙带着钱币跑去找他的老师——钱币考古界的泰斗马定祥老先生。老先生仔细审视了钱币后，高兴地说："这是中国镍币鼻祖'伯明翰'啊。你知道吗？如今国外只有'10

分'币的拓本,这种五分的还无人发现呢,这可是难得的精品啊!"

陈福耕也曾听说过"伯明翰",知道它是中国镍币鼻祖,价值非凡,不过对于它的来历还不甚明了。于是,他请老师为他讲述"伯明翰"的故事。

马定祥老先生按捺不住激动的心情,娓娓道来:1888年,大清王朝处于洋务运动的热潮中,受国外影响,李鸿章等洋务派大臣主张改变币制,铸造与国际接轨的镍币。这个提议得到了光绪和慈禧的许可。很快,由大英帝国伯明翰造币公司代铸的3枚镍币样板出炉了。李鸿章亲自将镍币呈送上去,请求皇帝下诏实行币改。可是,币改一开始就遭到保守派的强烈反对,如今,他们看到这枚钱币上全是洋文,立即抓住了把柄,强烈反对币改,并提出了很多反对理由。

一时间,洋务派和反对派互不相让,争斗激烈。最后,慈禧一锤定音:"改币制可暂且缓议!"

就这样,一场币改风波悄然落下了帷幕,那3枚镍币样板也不知了去向。

马老先生讲到这里,再次拿起那枚"伯明翰",依然激动万分:"没想到啊,福耕,你竟然得到了其中一枚。太了不起了。"

此后,历经重重磨难,从盗窃者手中失而复得,这枚传奇的镍币,至今仍是当年历史最好的、也是仅存的见证。

以古钱为研究对象的考古学,称为古钱学。由于古钱的铸造年代明确,它成为考古学断代的最通常的依据之一。

除了断代外,古钱学的意义还在于,通过研究钱的形状、质料、重量、铭文、图纹和铸造技术,辨别它们的发行者和发行地点,确定它们的价值,研究铭文、图纹的意义和风格,从而为经济史、文化史乃至美术史的研究提供材料。

另外，古钱作为一种重要的经济史史料，通过对它的起源、发展变化的研究可以了解古代商品流通和金融财政状况，并为研究和了解古代政治、社会、文化、对外关系等方面提供线索。

王仲殊，1925年出生，浙江省宁波人。主要研究领域为中国汉唐时代考古学，兼及日本考古学和古代史。主要著作有《汉代文明》、《关于日本高松冢古坟的年代和被葬者》、《关于日本古代都城制度的源流》、《再论好太王碑文辛卯年条的释读》等。

水下居巢国——环境考古学

环境考古是揭示人类及其文化形成的环境和人类与自然界相互影响的考古学分支学科，是环境科学与考古学相结合的产物。

在安徽巢湖，每当到了冬季，湖北岸的水位下降时，就会露出大量的陶片。当地人对此已经司空见惯，所以没人把这当回事。可是，到了 2001 年底，巢湖市发布了一则消息，说发现了隋朝窑遗址，这个消息引起有心人的注意。

一天，负责巢湖窑遗址发掘工作的办公室里来了一人，他是当地居民，进门后便说："我从报上看到了窑遗址的消息，在我们那里，每到冬天，巢湖水位下降时，都会看到很多陶器。我想那些陶器可能与遗址有关，所以来汇报情况。"

办公室的人听了，很感兴趣，就把这个情况记录下来。随后，他们又陆续接到与此相似的各类说法，有人通过电话，有人通过书信，还有人通过网络，反映巢湖北岸发现陶片的事情。

这些线索极大地激发了考古人员的热情，他们决定到巢湖北岸考察。时值严冬，考古人员赶到了现场，沿着湖滨大道观察着。果然，在露出水面的约有二三百公尺的河床上，他们看到到处散落着的陶片。考古人员立马分头

考察陶片,结果发现,这些陶器以泥质灰陶和夹砂灰陶为主,同时还有泥质红陶、褐陶、夹砂黑陶以及一些烧成温度略高的硬陶等。陶器一般体形较大,有各种瓮、盆、缸、罐、坛、釜等,都是生活用品。还有些陶器上有印纹,像方格纹、席纹、弘纹、绳纹和刻划水波纹等。

考古人员的到来吸引了当地很多渔民,他们上前热情地介绍巢湖陶片的情况,指着湖岸四周说:"这里四五公里的范围内都能见到陶片,有的地方可多了,厚厚一层。"有些老年人还说:"这里过去有座城市,后来沉到湖底去了。"

考古人员对此极感兴趣,追问道:"你们怎么知道的?城址在哪里?"

老人回道:"我们这里的人都这么说。我领你们去看看城的四个城门。"

他带着考古人员沿湖行走,一一指点着城门的位置,好像他真的看见过古城遗址一样。一路上,他还指着河床不断地说着:"你们瞧,那个水井旁还有棵古树树墩。看样子,那棵树两人都合抱不过来。"在河床上,远远近近散布着十多口水井,其中一个水井旁就有他说的古树墩。

考古人员对此越发好奇了,他们观察了老人说的城门、水井、古树,然后到附近村民家查看。结果,在村民家里,他们见到了村民们在湖岸捡到的陶壶、陶瓶等。经过鉴定,他们得出结论:这些物品都是陶器制作和使用鼎盛时期的产物。

这些发现似乎都在验证着当地人关于古城的传说。至此,考古人员也不得不把此地的发现与历史上讲到的"陷巢州"一说联系起来了。

据史料记载,春秋时期,曾经有一个侯国叫居巢国,在当时处于非常重要的地位。可是,到了秦汉时期以后,这个国家就从史料中消失了,关于它的人和事像蒸发了一样,再也没有了记录。

于是，关于居巢国沉入湖底的说法就产生了。不过，多年来人们一直没有确定它的位置，有人说在巢湖，有人说在桐城，还有人说在寿县。因此，当巢湖岸边的陶器被发现后，立即引起了人们对于古老居巢国的猜测和联想，很多人相信，这个城市是因为一场大的地壳运动而下陷，最终成为了今天的巢湖。

从考古学的角度来看，这些发现似乎证实了史料记载有关"陷巢州"的故事的可能性。而大量的陶片和古人生活的遗迹，则显示在这浩瀚未知的湖面下，有着一段精彩的、无法被磨灭的历史。由此，对巢湖形成和居巢国的探索，从过去一直停留在以古籍史料为依据的历史学范畴内，正式扩展到了现代考古学领域。

环境考古是揭示人类及其文化形成的环境和人类与自然界相互影响的考古学分支学科，是环境科学与考古学相结合的产物。

环境考古的研究对象，包括人类形成以来整个第四纪时期同人类有关的环境问题。研究的重点为新石器时代及历史时代初期，人类文化与自然环境间的关系。研究的手段很多，其中最主要和常见的是孢子花粉分析技术。这项技术就是利用孢粉长期不变的特色，通过研究遗址中的孢粉分布了解古代植被的基本面貌、人类使用植物的情况等，确定遗址年代，了解古人类生活环境以及变迁历史。

陈文华，生于 1935 年，著名考古专家、茶文化专家。先后应邀到日本、韩国、英国、法国、美国等国家讲学和交流，被日本考古学界誉为"中国农业考古第一人"。

考古学分支及相关学科

只属于女人的文字——古文字学

作为考古学的分支，古文字学的研究对象必须是铸、刻或书写于遗迹和遗物上的文辞，与一般的书籍文献不同。

1982年，武汉大学教授宫哲兵在湖南省江永县发现了女书。这是一种独特的、只在女性间使用的文字，字体秀丽娟细，造型奇特，也被称为"蚊形字"。这种世界上独一无二的女性文字符号一问世就备受世人注目，无数人在探索追寻着它的起源问题。其中最引人注目的就是在江永县流传的一个动听故事：

相传王母娘娘最小的女儿名叫瑶姬，生得花容月貌，聪明伶俐，深得王母宠爱。一天清晨，瑶姬早早起床，推开霞帐云幔，俯视人间景色。她看到一派明山净水、鸟语花香之景，心情格外舒畅，再看到田园阡陌，泉美林秀，更觉人间情深。忽然间，她萌生了下凡到人间，寻觅一方清静处的想法。于是，瑶姬离开了天宫，足踏祥云，飘飘然来到了人间。

瑶姬降落到了一个地广人稀的地方，这是风光绮丽的水乡，名叫普美村。她下界后虽与当地人语言不通，但还是受到了热情的欢迎。普美村的姑娘们个个心灵手巧，聪明能干，她们擅长描花、纺织，织绣的绣鞋花、衣边花、头巾简直比天上的彩霞还要绚丽美妙。

瑶姬被她们的纺织手艺深深吸引，拜她们为师。后来，瑶姬发现当地的女子没有文化，不识字，言不达意，意不能书。她就想帮助她们提高言情记事的能力，为此，她回到天庭搬下了复杂的天书教授姐妹们。

姑娘们非常希望掌握文字,可她们一个个目不识丁,还要担负着纺织的任务,哪有时间快速学会呢?瑶姬经过深思熟虑,想到了一个好办法,她把深奥的天书简化,并与女红刺绣结合起来,用当地的土语读唱,这样一来,姑娘们学习起来方便多了,而且还不耽误劳动,真是一举两得。很快,当地的女子变得能识善写,作诗绘画,读唱自如了。从此,这部改变了的天书就在女人中传递着,而与男人无关。因此人称"女书"。

故事当然只是传说,但"女书"确实是女子创造的独有文字。千百年来,在湖南省的江永县、道县以及江华瑶族自治县和广西部分地区的妇女之间,一直流行、传承着这种文字。它以母传女、老传少的形式,一代代传下来,成为了女人间的神秘文字。

目前搜集到的女书文字有近2 000个字符,所有字符只有点、竖、斜、弧四种笔划,可采用当地方言土语吟诵或咏唱。"女书"作品绝大部分为歌体,其载体分纸、书、扇、巾四大类。内容多是描写当地妇女的生活,还用来通信、记事、结交姊妹、新娘回门贺三朝等,文体多为七字韵文。

据考证,"女书"应当是起源于史前陶文,发源地应在黄河流域中、上游地区,尤其陕西省的关中地区或商县一带可能性更大。"女书"可能是当年居住于陕西商县一带的苍梧族南迁带到湖南江永山区的古老文字。如果真是如此,那么"女书"就是目前世界上最古老的文字之一,而且是到了今天仍在使用的文字,这不能不说是文字史上的奇迹。

作为考古学的分支,古文字学的研究对象与一般的书籍文献不同,必须是铸、刻或书写于遗迹和遗物上的文辞。

含有文辞的遗迹和遗物，大体上可分两类。一类如墓志、碑碣、印章、甲骨、简牍、泥版、帛书和纸书等，文辞是器物的主要内容；另一类如纪念性建筑物、雕刻品、绘画、货币、度量衡器、镜鉴、工具、武器和各种容器等，铭文处于附属的地位。

古文字学的任务就是识别铭辞的文字，判读辞句的意义，区别不同时代、不同地区的字体。同时，对铭文的研究还可以判明遗迹和遗物的年代、制作者、所有主、所在地、用途和制造目的等。由于铭辞存在于遗迹和遗物上，可靠程度远远超过文献的记载，不仅可以弥补文献记载的不足，还可纠正错误。所以，古文字学和铭刻学一样，对原史考古学和历史考古学意义非凡。

路易斯·利基（1903～1972年），英国著名人类学家和考古学家，1959年4月4日，他和妻子在坦桑尼亚发掘出一块人类化石，这块估计有175万年历史的化石被定名为"东非人"（现在称为"南方古猿"）。

埃及艳后的签名——文物鉴定学

文物鉴定学有它自身特定的研究对象，那就是古人和今人鉴定文物的实践，包括其鉴定理论、知识和方法。

在柏林博物馆内，存放着一具古埃及木乃伊，100多年来，考古学者们一直认为这是一具普通的木乃伊，对它的关注和研究并不多。

这次，比利时草纸考古学家简·比根为了研究木乃伊，特地请求柏林博物馆让他进馆进行研究工作。博物馆批准了他的请求。这天，简·比根像往常一样走进博物馆，来到木乃伊前面仔细地观察、琢磨。忽然，他看到木乃伊的布片里夹着一张发黄的草纸，这让他心跳加快。毕竟他是草纸学家，草纸的发现对他的研究意义重大。他直观地感觉到，这张草纸一定是古埃及的文件。

简·比根小心翼翼地行动着，从木乃伊的身上慢慢地剔出那张草纸。随着草纸慢慢露出来，他的心跳更快了，草纸上写满了密密麻麻的古埃及文字，他估计的没错，这正是一张古埃及文件。对于简·比根来说，这简直就是如获至宝。他慌忙拿着那张16开大小的草纸跑进了特别鉴定室。

在鉴定室内，简·比根首先拿起一个普通放大镜观看草纸上的文字。一看之下，他马上识别出了这份文件的来历，它是古埃及某个王朝的正式公文，上面还有日期。于是，激动的比根急不可待地在考古权威杂志上发表了自己的发现，并断定这是古埃及某个农民和"×先生"之间的普通合同。

比根的文章发表后，引起了一个人的注意，他就是荷兰历史学家彼得·

万·明尼。明尼从文章中的图片看出了问题,他发现图片显示的是地地道道的古埃及政府文件,而非私人间的合同。于是,他向出版社要来了放大的文件照片,并把它输入计算机观察。仅仅30秒钟,他就鉴定出了文件的真实身份——它确是埃及王宫的文件。

接着,明尼与古埃及历史学家合作,换算出了文件抬头中的年份,是公元前33年2月23日。这个时间一经确定,大家立即惊讶地叫出声来:"公元前33年,不正是著名的'埃及艳后'克丽奥佩特拉七世统治下的托勒密王朝时期吗?"

令人惊奇的不止于此,文件的内容更是让他们大吃一惊。从文字的笔力来看,这是由男性书写的,内容为埃及国王答应给罗马帝国大将军卡尼迪斯以优惠的商品进出口关税,允许他每年免税向埃及出口1万袋小麦,进口5 000安普耳的上好埃及美酒。

再看文件的末尾,书写着一个娟秀的单词,与文件内容的字体截然不同,很明显是女性的笔迹。明尼拿起一个40倍的专业放大镜,仔细观看那个单词,不由失声叫道:"genestho,这不是古埃及国王签署法令时的希腊用语'同意'的意思吗?"

所有的发现,包括埃及国王、公元前33年、罗马帝国大将军、还有女性签名,都在说明一个问题,合同的落款是"埃及艳后"的亲笔签名。

这个发现一经公布,立刻引起了轩然大波。多年来关于"埃及艳后"与西泽大帝、安东尼、卡尼迪斯的感情故事众说纷纭,人们认为,在她与安东尼的感情之路上,卡尼迪斯起到了重要作用。不过,这件事并没有史料记载,也缺乏相应证据。如今,这份优惠的合同不就是一张铁证吗?

文物鉴定学是考古学的一个分支。考古学所具有的一般原理,都原则地适用于文物鉴定学。同时,文物鉴定学有它自身特定的研究对象,那就是古人和今人鉴定文物的实践,包括其鉴定理论、知识和方法。

文物鉴定的主要内容包括辨伪、断代、评价。文物鉴定的基本方法是分类、比较和辨识。分类是把混合相间的各种文物分为互相排斥、互不兼容的不同类群,找出文物之间的异、同点,达到认识和掌握的目的。比较是根据已知的标准物,把彼此有某种联系的文物加以对照,从而确定与标准物的异同,进而对鉴定对象的各个方面的内部矛盾和联系,进行系统的研究和比较,以作出定性判断。辨识则是在实践经验的基础上,用调查、考证和科学检验等不同方法,按鉴定对象及其同类品的规律,考察文物的本质,通过理论思维、概括和抽象的作用,达到明辨和认识的目的。

布利根(1887~1971年),美国考古学家,发现欧洲早期文字并在伯罗奔尼撒进行考古发掘,为重建希腊史前史作出贡献。著有《特洛伊城与特洛伊人》、《皮洛斯的涅斯托耳王宫遗址》。

巨大的牙齿——古生物学

对旧石器时代的考古研究，除了石器外，还包括当时的生物化石，因此，古生物学常常发挥着重要作用。

曼特儿是19世纪的一位乡村医生，他生活在英国南部苏塞克斯郡的刘易斯。曼特儿热爱大自然，保持了一颗孩童般的好奇心。平日里，除了行医外，他喜爱收集和研究各种化石。他的爱好影响了妻子，两人常常一起爬山涉水寻找采集化石。

1822年3月的一天，曼特儿外出给人看病。临行前，妻子叮嘱他说："天气还很冷，你要早去早回。"曼特儿答应一声就走了。可是，曼特儿一去大半天没有回来。妻子惦记着他会不会受凉，在家里坐立不安，干脆拿着丈夫的外衣走出去，打算顺着他出诊的方向去迎接他。

曼特儿夫人很快来到一条正在修建的公路上，路旁，新开凿的陡壁上露出一层层岩石。这些岩石吸引了她，她习惯性地观察着岩层，就像以前跟随丈夫外出寻找化石时一样。

走着走着，岩层中一些亮晶晶的东西引起曼特儿夫人的注意，她一面自言自语着："这是什么啊？"一面走近前细看。原来是一些动物的牙齿化石。不过，这些化石牙齿形状奇特，而且个头特别大。曼特儿夫人满腹惊异地想，我还从来没有见过这么大的牙齿化石呢，这到底是什么动物的？意外的发现让她兴奋不已，竟然忘记了给丈夫送衣服的事。她小心地把化石从岩层中取出来，兴高采烈地带回家去。

不多时，曼特儿先生回来了，他看到妻子收集的化石后也是大吃一惊。多年来，他见到过无数动物的化石牙齿，可从没有一种与这种相似。

随后的日子里，夫妻俩多次到发现化石的地点寻找，又接连找到了很多这样的牙齿化石，还有一些相关的骨骼化石。面对着如此奇特的发现，他们决心揭开化石之谜。于是，曼特儿将化石带给了居维叶，请他帮忙识别。

居维叶是当时最有名的学者，极具权威。可是，居维叶也没有见过这类化石，他找遍了各类书籍，依旧无法做出鉴定。后来，他凭借丰富的动物学知识判断认为，牙齿是犀牛的，骨骼是河马的，而它们的年代并不久远。

曼特儿得知居维叶的判定后，心情有些沮丧，他觉得居维叶的结论过于草率，不能说明问题。为此，他开始独自考证这些化石的来历。只要有机会，他就到各地博物馆寻找标本对照、观察，还广泛结识各类化石专家和爱好者。

两年后，他的付出得到了回报。有一天，他偶然结识了一位在伦敦皇家学院博物馆工作的生物学家，此人当时正在研究一种生活在美洲的现代蜥蜴——鬣蜥。曼特儿没有见过鬣蜥，不了解它们的牙齿和骨骼构造，就带着那些化石来到伦敦皇家学院博物馆，与鬣蜥的牙齿相对比。结果，他发现两者非常地相似。曼特儿喜出望外，他认为，自己和妻子发现的化石应该属于一种与鬣蜥同类、但是已经绝灭了的古代爬行动物，并把它命名为"鬣蜥的牙齿"。

曼特儿没有想到的是，他的这次发现堪称古生物学的重要成果之一。这是人类第一次认识到的一种古老动物的化石，这种动物并非

是他当初认为的鬣蜥的远祖,而是今天人们非常熟悉的恐龙。而且,人们已经确定,这种恐龙叫做禽龙。

作为考古学研究对象的旧石器时代的遗物,都是埋藏在第四纪地层中的。对这一时期的考古研究,除了石器外,还包括当时的生物化石,因此,古生物学常常发挥着重要作用。

古生物学是研究地质时代中的生物及其发展的科学。它全面地研究了古代生物的形态、分类、生活方式、生存条件和地史分布等,还阐明了生物进化发展的基本途径和规律。古生物学的研究方法就是通过对从岩层中发掘出来的化石的考察,配合对含化石岩层的了解以及其他一些有关地质问题的研究,解释古代生物中的各类问题。比如推断古地理和古气候,分析矿产成因等。

古生物学作为生物科学的组成部分,研究对象包括现代人和猿人在内的一切生物。人类化石自然是古生物学家或专门的古人类学家研究的对象。所以,古生物学与考古学关系密切,两者相互渗透,不可轻易区分。

E·S·穆尔斯(1838~1925年),美国人,在东京郊区发掘了新石器时代绳纹文化的大森贝遗址。

地质学之父——考古与地质学

旧石器时代和新石器时代的大量石器，以及各个时代的许多石制品，其中包括宝石、半宝石等非金属矿物，都可以用地质学方法进行鉴定。

1769年3月23日，英国地质学家威廉·史密斯出生于一个小农场主家庭，他从小就喜欢到处游逛，搜集奇石。后来，他学习了测量学，掌握了测量技术，并跟随测量队工作。这个工作十分适合他的个性，使得他在东游西逛中见识到了不同的土地和岩层，让他眼界大开。

1794年，英格兰西南部要开挖一条运河，聘用了史密斯作为测量指导。借此机会，史密斯仔细考察了当地的岩石。他观察到，在一沉积岩中含有的化石，从岩层的底部到顶部具有特定的规律和次序，而且这种次序在其他岩层中也存在，他进一步研究发现，这种规律不仅仅在他测量的地区适用，而可以适用于整个英格兰。针对这一现象，他提出了"化石层序律"，也就是说，每一地层含有特定的化石或化石组合，并可以以此来与其他地层相区分。同样地，在特定地区的沉积岩的地层所含有的化石具有明确的次序，在另外的地区也有同样的次序，于是不同地区的地层就可以相互对比了。

同时，史密斯更进一步推断，由于生物的演化是不可逆的，一种生物绝灭后，就不会再次出现在地球上，因此考察岩层中的化石，根据生物演化的顺序就可以确定岩层的形成顺序，而对于各种生物的综合考察，就可以精确地划分地层。通过这种方法，就可以更准确地进行野外地质考察，只要地层中化石丰富，这一规律比"地层层序律"更实用。

有一天,史密斯去拜访一位朋友理查德。这位朋友有一个收藏化石的小博物馆,可史密斯一走进他的博物馆,竟然就动手开始重新将化石分类。在场的人都大吃一惊,他们知道这些化石可是理查德先生的宝贝,经过了精心的分类摆放在这里的,史密斯如此唐突的行为肯定会惹怒理查德先生的。可没想到,理查德先生却很坦然地看着史密斯的举动,他微笑着告诉其他人:"我完全相信史密斯的能力和他的理论。"而事实证明,他确实没有相信错,史密斯在地质学上的理论都是正确的。

1812年,史密斯经过艰苦努力终于完成了世界上第一张地质图,也让他赢得了"地质学之父"的美名。而他提出的化石层序律直到今天,还一直是野外地质考察的基本手段之一。

地质学在一般考古学上的应用,主要是对岩石和矿物的鉴定。旧石器时代和新石器时代的大量石器,以及各个时代的许多石制品,其中包括宝石、半宝石等非金属矿物,都可用岩石切片的方法,用显微镜加以鉴定。这不仅能确认岩石和矿物的性质,而且可以推定它们的产地。

当然,地质学对考古学研究最大的贡献不止于此,而是在于它全面恢复了第四纪的自然环境。第四纪是早期人类所生存的更新世,是地球上气候发生剧烈变化的时代。那时出现的大规模冰川活动造成了海平面大幅度升降、气候带的转移和动植物迁徙或者灭绝等一系列事件。这些事件无疑对早期人类体质的进化、文化的发展及居住范围的变化发生了极大影响。由此来看,第四纪地质学研究成果是旧石器时代考古研究的重要依据。

头骨上的伤痕——动物学

无论是史前考古学，还是历史考古学，与动物学的关系都十分密切。

这是罗马西南部的一个美丽小岛齐尔切奥角，1939年2月25日，一次日常的考察工作中，考古人员却意外地发现了一个20万年前的神秘山洞。

在山洞深处有一个用石块围成的圆圈，圆圈的中间底朝上摆放着一颗人的头颅。在离石圈不远的地方，仿佛陪葬似的，放着三堆动物的骨骼，分别是赤鹿、牛和猪。让人奇怪的是，整座山洞中只有这一颗头颅骸骨，身体其它部位的骸骨却都没有发现，而且这颗人类头颅已经破裂了，底部还有一个大洞，似乎是遭受过重力的打击造成的。

这个发现让考古学家颇感费解，他们不明白为什么只有头骨，而寻找不到任何的肢骨？而且，头骨上那明显的暴力痕迹是如何造成的呢，莫非这里发生了什么可怕的事情？

经过测定，研究人员确定了这是一个20万年前的欧洲史前人类——尼安德特人的头骨，他们同时也确定了，他头部的伤痕确实是因为遭到过凶狠的击打。然而更令人震惊的是，专家认为，这颗头颅底部大洞的边缘，参差不齐，因此不是自然力作用而造成的伤痕。因此，在20万年前的意大利，这个尼安德特人很可能是丧生于同类手下。有

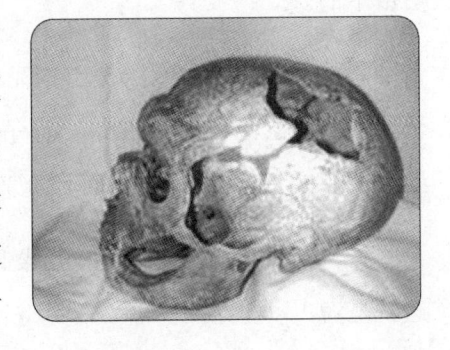

专家推断,这个尼安德特人应该是被割下头颅带回洞里,随后被砸开颅底吸干了脑髓!

意大利专家的论断似乎有些骇人。可是如果这个论断不对,还有什么原因呢?

就在意大利专家专心研究尼安德特人时,远在中国北京的一位专家也在苦苦思索这个问题,他叫魏敦瑞,一位来自德国的学者。与尼安德特人的头骨一样,他所研究的北京人头骨上也有着相同的遭受暴力的痕迹。他在排除了发掘遗漏、洞穴坍塌、水流等原因后,想到了另一个可能的因素:

远在史前时代,地球上生活着一种甚至比狮子都可怕的动物,它们就是鬣狗,最凶残的食肉动物之一。从周口店的发掘来看,那个时期的鬣狗体格极为庞大,甚至超过了今天的东北虎,并且这种也爱吃死尸的动物牙齿尖利,撕咬力惊人。在周口店遗址中就发现了大量鬣狗带有碎骨的粪便化石,说明鬣狗嗜血成性,甚至连骨头也不会放掉。而鬣狗和北京猿人的关系极为密切。在猿人洞遗址中,北京猿人和鬣狗相互交错的化石堆积层清晰地表明,洞穴最早的主人应该是鬣狗,50万年前的时候,北京猿人开始入住这里,从此,双方交替占领洞穴,进行了长达数十万年的殊死搏斗。北京人头骨上的伤痕,应该是鬣狗撕咬后留下的。

魏敦瑞和意大利专家提出了完全不同的观点,那么他们究竟谁正确呢?关于这些头骨之谜成为考古界一直争论不休的话题,直到今天,人们依然无法得到统一答案,无法了解远古时代究竟发生了什么,才会导致这种结局。

尽管头骨之谜至今未解,可我们从魏敦瑞的研究分析中了解到一个问题,这就是考古动物学。

无论是史前考古学,还是历史考古学,与动物学的关系都十分密切。从旧石器时代遗址中发掘出来的动物骨骸属于野生动物。这些骨骸的研究有助于确定遗址的相对年代、划分地层和进行各遗址之间的对比研究;结合其他方面的有关资料,还可以分析出当时人类的居住环境和气候条件。

　　新石器时代,人类开始圈养家畜,各遗址出土的兽骨成为研究家畜起源的最直接的依据。对早期家畜的研究有助于了解人类最初是怎样认识自然和改造自然的;还可以探明各种家畜饲养业在地域上的发展和传播情况。另外,从新石器时代遗址中发掘的兽骨也可以判断当地的经济状况。

J·德谢莱特(1862~1914年),法国学者,1908至1914年出版的四卷本《史前考古学手册》,总结了19世纪至20世纪初叶的史前考古学成果。

千年莲藕忽化水——考古与植物学

通过植物学方法，可以论证农业的发展水平和居民的生活条件，进而推断当时的地理和气候等，还可以帮助考古工作者对地层层位的划分和核对。

很多人都知道马王堆古墓中出土女湿尸的故事，却很少有人了解在发掘过程中的另一件奇事。

当古墓打开后，考古队员们从中提取文物时，有人在东边的边箱里发现了一个漆器，这个漆器漂亮美观，十分引人注目。考古队员准备取出其中的文物，可是，当他打开盖子时，不可思议的事情出现了。

漆器里面装满了水，水面上漂浮着一层藕片！一位专家当即喊道："哎呀，这是2 000多年前的藕片啊！"这声叫喊吸引了所有人，人们都纷纷挤过来伸头观望。人太多了，为了保护漆器，打开漆器的队员慢慢端到中间赶快去照相，然而，就这么一端一放，漆器里就只剩下几片藕了，等漆器被放到汽车上送到博物馆时，打开一看，漆器里一片藕也没有了，只剩下一锅汤！

这个奇异的现象当然令人费解，人们不明白为什么藕片能够保存得如此完好？也不知道为什么转瞬间它们就消逝了？

然而，由于当时出土的文物太多，而且随着女尸的露面，大家的注意力都被吸引了过去，对藕片之谜也就没有深入追究。

后来,人们在棺木中陆续发现了装着各种粮食、蔬菜种子和水果的竹笥和陶罐,看到其中有水稻、小麦、大麦、大枣、梅子、杨梅等几十个品种,这些东西也都保存完好。

想到那些突然消逝无踪的藕片,不难联想到当时中国南方农业的兴盛情况。而因为藕片历经两千年还得以保存的事实,有专家认为,这也可以佐证,在这两千年的时间里,长沙地区应该没有发生过地震,否则藕片早就会因为震荡而消失了。

研究藕片之谜,是植物学在考古学上的一种应用。植物学在考古学上的应用相当广泛。在一般的遗址和墓葬中,最容易遇到的植物遗存是木材、纤维和种子,后者包括谷粒、果核和瓜菜籽等。

通过植物学方法,对木材进行研究和鉴定,可以了解各种木器的材质,进而推定它们的制法和效用;对纤维进行研究和鉴定,可以了解纺织品的质料,进而探讨农业和纺织业的情形;而对种子的研究和鉴定,可以了解农作物的品类,进而论证农业的发展水平和居民的生活条件等。

F·皮特里(1853~1942年),英国考古家,讲求发掘方法的科学化,于1904年写出《考古学的目的和方法》一书,总结了自己的工作经验。考古学由此被承认是利用实物的证据以探索古代人类历史的一门科学。

第四编

中国考古发现

从牙齿到头骨——周口店遗址

周口店遗址，位于北京市西南约 50 公里，处于山区和平原接壤部位，这里最早发现了北京猿人遗骨。

这是 50 万年前的北京周口店，到处都是茂密的原始森林，一群北京猿人生活在这里，他们依靠着自己的力量站立起来，艰难地创造着自己的世界。

他们会打制各种工具，一些不同大小、不同材质、不同用处的石器。他们能够猎取种类繁多的动物，连凶猛的剑齿虎都会在他们团结一致的行动中被捕杀。他们还学会了使用火，火给了他们暗夜的温暖和光明，让他们有了对抗野兽的最好武器，也让他们发现了食物的美味。人类文明慢慢地诞生了。

然而，这一切都过去了，随着时间流失他们被湮没在黄土之下，似乎再也无人能够了解那时的世界，那时的人类。

时光车轮滚滚，进入了人类文明的 20 世纪。有一天，来自瑞典的学者安特生和奥地利古生物学家师丹斯基到北京西南的周口店考察，他们听当地人说附近有座龙骨山，山上的洞穴里埋藏着很多"龙骨"。这个说法引起了两人的注意，他们在向导带领下到一些发现"龙骨"的洞穴考察，结果他们发现，这根本不是什么"龙骨"，而是哺乳动物的化石。

随后，安特生分别于 1921 年和 1923 年两次来到周口店，当他穿行在天然形成的大小不等的洞穴之中，挥动工具挖掘"龙骨"时，他隐隐觉得这里曾经有过人类活动的痕迹，可是，这是一群什么样的人类？他们会给后人留下什么呢？

终于，安特生在周口店发现了两颗人类牙齿化石，这让他的考察活动达到了高潮。1927年，加拿大人步特生实施了对周口店的第一次发掘工作。参与这次发掘的人员很多，其中有位中国学者，他叫裴文中。当时，裴文中年仅25岁，但他却在这里发掘出了"北京人"第一个头盖骨！

这是1929年12月2日下午4时左右，太阳即将落山，发掘人员在昏暗的烛光下工作着，忽然有人大叫："这是什么？人头！"听闻此言，裴文中立刻凑了过来，他小心翼翼将这个保存完整的猿人头骨取出，在烛光下略一打量，顿时欣喜若狂，他知道，这颗头骨的意义非凡。为了保护头骨，他用自己仅有的一床棉被和被单将其包裹起来，顶着寒风赶紧护送回了北京城。

第一个头盖骨出土后，立即轰动了全世界。这一发现把最早的人类化石历史从距今不到10万年推至距今50万年。人们似乎可以透过它窥视50万年前祖先们的生活轨迹了。

果然，其后周口店地区的发掘工作如火如荼地展开了，各路专家学者赶往周口店，试图找到更多遗存。1931年，裴文中确认了石器、用火灰烬等的存在，为周口店是古人类遗址提供了重要依据。至此，周口店遗址成为中国考古史乃至世界考古史上伟大的发现之一。

周口店"北京人"遗址，位于北京市西南约50公里，山区和平原的接壤部位。周口店附近山地多为石灰岩，在水力作用下形成大小不等的天然洞穴，成为埋藏"龙骨"的天然仓库。

经过多次大规模发掘，北京人遗址共清理出40多个男女老少的北京猿人化石，100多种动物化石，10万余件各种石器，以及仍保存在洞穴内的几个灰烬层，最厚的一层超过6公尺，灰烬层中保留有大量烧过的碎骨和木炭碎块，可见"北京人"早已懂得用火烤食猎物和取暖防寒。

遗址中还出土了数以万计的石制品，原料均来自于遗址附近，石制品多为小型器，器型种类繁多，早期石器较粗大，砍砸器居重要地位。中期石器形制变小，尖刃器发展迅速。晚期石器更趋小型化，石锥是这一时期特有的石器。

贾兰坡(1908～2001年)，中国著名的旧石器考古学家、古人类学家、第四纪地质学家，中国科学院资深院士、美国国家科学院外籍院士、第三世界科学院院士。他发现了三具"北京人"头盖骨，震惊了世界。是一位没有大学文凭而攀登上科学殿堂顶端的传奇式人物。

丢失的头盖骨——北京猿人

北京猿人化石共出土头盖骨 6 具、头骨碎片 12 件、下颌骨 15 件、牙齿 157 枚及断裂的股骨、腥骨等，分属 40 多个男女老幼个体。

1935 年春天，德国古人类学家魏敦瑞赶到了中国，在北京协和医学院 B 楼的办公室里，他接手了一项梦寐以求的工作：全面负责周口店北京猿人的发掘和研究。

自从 19 世纪中叶以来，世界上掀起了一股寻找人类祖先的风潮，从欧洲到非洲，西方探险家的足迹踏遍广大区域，可是依然未能解开史前世界之谜。半个世纪过去了，他们的目光从西方转向了东方，投向了中国这片古老而神秘的土地。

20 世纪 20 年代，周口店一枚类似人类牙齿化石的发现，为这个谜团注入一丝亮光。于是，1927 年展开了一场正式的发掘。结果，这次发掘不但发现了石器、用火的遗迹，还发现了一个完整的猿人头盖骨！这一发现震惊了世界，将人类的历史起码向前推进了 50 万年，理所当然，周口店被认定为人类起源的圣地。

所以，当魏敦瑞接手周口店研究工作后，异常兴奋，他夜以继日地工作，希

望能够寻觅到人类的源头。第二年冬天,中国学者贾兰坡又在周口店连续找到了三颗猿人头盖骨,这是世界上首次发现如此多的古人类头骨。魏敦瑞惊喜交加,对头骨格外珍爱,将它们保存在保险箱里,不肯轻易示人,平日里只拿着复制的石膏模型钻研琢磨。

然而,就在他带领学者们钻研这些珍贵的头骨时,不幸发生了。

1937年,日本发动侵华战争,战火很快烧到了北京城下。这时,头骨依然保存在协和医院内,它们的安危牵动了很多人的心。随着战事持久,美日关系紧张,国人对头骨的担忧日重。从1940年起,先后有尹赞勋、翁文灏等人致函裴文中、魏敦瑞、协和医院院长胡顿,要求将头骨暂时运往美国寄存,等到战争结束再运回来。此时,美方早就通知在华侨民回国避难,魏敦瑞也有了回国的打算。临行前,他多么舍不得这批珍贵的北京人头骨,多么希望将它们带走。可是,他当然清楚携带文物出境的麻烦,知道海关不会轻易放他出行。于是,他回信拒绝了翁文灏,并说:"在可能危及化石标本的情况下,最好什么也不做。"

1941年4月,魏敦瑞回归美国。4个月后,中美双方达成协议,由美方设法运出北京人头骨,暂存美国。11月,美国驻华大使下达转运头骨的命令。于是,有关人员将珍贵的北京人头骨分装入箱,在极其秘密的情况下将它们运出了协和医院。当然,谁也不会想到,北京人头骨走出协和医院后,竟然一去无影踪,从此失去了下落。

就这样,关于北京人头骨的去向成为了一大谜案,有人说,"北京人"化石送交美国海军代运出,在秦皇岛附近遭日军截夺;有人说,"标本箱在天津调包,流落到了美国";有人说,"装载标本的航船不幸触礁沉没,北京人头骨葬身大海";还有人说"北京人头骨流落到了中国民间"。

各执说辞,莫衷一是,直到如今,尽管许多人发起过各种组织寻访探究,但北京人头骨依然不知所踪,成为国人心中之痛。

20世纪20年代,考古学家开始在周口店发掘,发现了距今约50万年前的一些完整的猿人头盖骨,定名北京猿人,正式名称为"中国猿人北京种",现在在科学上常称之为"北京直立人",属旧石器时代。

北京猿人化石共出土头盖骨6具、头骨碎片12件、下颌骨15件、牙齿157枚及断裂的股骨、腥骨等,分属40多个男女老幼个体。

根据对文化沉积物的研究,北京人生活在距今70万年至20万年之间。北京人的平均脑量达1 088毫升(现代人脑量为1 400毫升),据推算北京人身高为156公分(男),150公分(女)。北京人的寿命较短,据统计,68.2%死于14岁前,超过50岁的不足4.5%。

夏　鼐(1910~1985年),原名作铭,考古学家。先后主持指导过多次考古发掘工作。著有《考古学论文集》、《考古学和科技史》,主编有《新中国的考古发现与研究》、《长沙发掘报告》、《辉县发掘报告》等。

变色的稻谷——河姆渡遗址

河姆渡遗址是世界闻名的新石器时代遗址，遗址总面积约 4 万平方公尺，堆积厚度 4 公尺左右，上下叠压着 4 个文化层。

在浙江余姚，有一条叫姚江的大河，河边就是河姆渡村。1973 年的夏天，村民们打算建造一个排涝站，以便应对即将到来的雨季。

当他们挖到一公尺多深的时候，土地中突然多出来了很多的石头和杂物。细心的人发现，这些碎石块好像是有人加工过的，于是他们挑选了一些有加工痕迹的石头，送到了专业考古人员那里。

几天以后，一群考古人员来到了河姆渡，并组织人员展开了发掘。发掘工作开始不久，考古人员就发现了一口深 1.4 公尺的水井。水井的出现，让考古人员颇感好奇，他们推测，这个地方可能不仅仅是几个墓葬遗址，有可能是古人类居住的村落。

继续往下挖去，很快就证实了他们的推论，有一些陶器出土了，这些陶器的质地比较粗糙，从表面留下的痕迹判断，它们应该是在距今 6 000 年左右加工出来的。

考古人员加快了发掘速度，很快挖到距地面 3 公尺深的地方，这时，一个令人吃惊的现象出现了。在黑褐色的土层中，闪出了一些金黄色的小颗粒！

在场的人们立刻联想到：挖出了金子！可是，他们还没来得及高兴呢，就见这些小颗粒失去光泽，变成了泥土的颜色。

这是怎么回事？人们面面相觑，奇怪地望着颗粒，不明白发生了什么。有些专业人士马上想到了问题的症结：这些颗粒在地下保存得好，挖出来后因为见到空气，所以变了颜色。

尽管找到了答案，可这些颗粒究竟是什么？

他们拣起混在泥土中的褐色颗粒，经过仔细的辨认，几乎无法相信自己的眼睛，这些东西居然是炭化了的稻谷！大家疑惑了，难道6 000年前的新石器时代人类就开始种植水稻了？

随之的发掘证实了这个疑问。人们不断地发掘出混在泥土中的稻谷，这么大量的囤积，提供了有力的证据：6 000年前居住在这里的古人当时已经能熟练地种植水稻了。

接着，更重要的证据出土了，在离稻谷不远的泥土中出现了许多骨制的东西，这些出土的骨制品中有一件上面缠着葛藤，这就是河姆渡人的生产工具——骨耜！骨耜是种植水稻的工具，是中国目前发现的最古老的骨制农具。至此，人们完全可以确定，6 000年前的河姆渡人确实已经种植水稻了。

除了稻谷和骨耜，人们还在泥土中发掘出了陶器，这些陶器上绘着6 000年前当地人的生活情况，其中有驯养家畜的画面。所有的发掘证据都告诉我们，河姆渡是长江下游新石器时代晚期的一处氏族聚落生活遗址，他们从附近的山上砍伐树木，构建起了杆栏式房屋，他们靠种植水稻、采集、捕鱼和狩猎为生，他们已经开发出了芦苇和麻制品。

河姆渡遗址的发现告诉我们，中华文明的发源地不仅限于黄河流域，在

6 000 多年前,它已经在长江流域产生了。

河姆渡遗址是世界闻名的新石器时代遗址,遗址总面积约 4 万平方公尺,堆积厚度 4 公尺左右,上下叠压着 4 个文化层,其中,第四文化层的时代,距今约 7 000 年,是我国现已发现的最早的新石器时代地层之一。第三、四文化层保存了大量的植物遗存、动物遗骸、木构建筑遗迹和构件,以及数以千计的陶器、骨器、石器、木器等。

通过 1973 年和 1977 年两次科学发掘,河姆渡遗址出土了骨器、陶器、玉器、木器等各类质料组成的生产工具、生活用品、装饰工艺品以及人工栽培稻遗物、杆栏式建筑构件、动植物遗骸等文物近 7 000 件,全面反映了中国原始社会母系氏族时期的繁荣景象。河姆渡遗址的发掘为研究当时的农业、建筑、纺织、艺术等东方文明,提供了极其珍贵的实物佐证。

俞伟超(1933~2003 年),考古学家,曾主持白鹿原墓葬、湖北班村、长江三峡文物保护等重要考古工作,在考古学理论建设、田野发掘、多学科综合研究等领域均有突出成就,专著有《考古学是什么》、《古史的考古学探索》、《考古类型学的理论和实践》等。

寻找南少林——南少林寺遗址

福清少林寺历史悠久，源远流长，始建于唐代，毁于战乱。1990年经考古发掘，出土了不少文物。

世传中国古代有南北两座少林寺，"一在中州，一在闽中"。中州少林寺即河南登封嵩山少林寺，绵延至今，而闽中少林寺在康熙十三年时被清王朝下令烧毁，从此消失，无人能知。多年来，莆田和泉州等地一直各执说辞，都说南少林寺在自己的地界内，却始终没有定论。

20世纪80年代，莆田县在当地的文物普查中，发现了一座寺院遗址，经过发掘后，发现了5个刻有"僧兵"、"诸罗汉浴煎茶散"等文字的北宋石槽。而根据历史记载，只有少林寺才能冠之以"僧兵"二字。据此，他们判定这就是南少林的遗址。

然而，此后发掘出来的文物中，始终只有"林泉寺"的唐代石刻，而没有"少林寺"之名，虽然有学者解释说是因为南少林僧人成立了天地会，反清复明，因此之后少林寺之名一直不敢公开，但还是有很多人怀疑，这里究竟是不是真正的南少林。

这时，福清的一位学者却有了新的发现，他在福建福清的方志中，有关寺庙的部分找到了"少林寺"的字样，这让他想到，难道真正的少林寺既不在莆田，也不在泉州，而是在福清？

就在这时，福清县一位小学校长为他的想法提供了实证。这位校长名叫吴

镇辉，是土生土长的福清泗洲人。他听说了南少林可能在福清的事，联想到了自己村里也有个寺院遗址叫肖林寺，而且听老人讲，那是北少林和尚迁建的寺院遗址，他就常常想：难道传说的肖林寺就是南少林吗？

"肖林是否就是少林？"吴镇辉日思夜想。在当地人的读音中，"肖"、"少"同音，因此，他觉得这个肖林寺大有来头。为了查证，他开始访求老人，了解历史。不久，他竟然在肖林村一位老人保存的厝契中发现有"少林"二字，也就是说，"肖林村"果真本来叫做"少林村"。这一发现让他更加坚定了自己的想法。

一天，吴镇辉在路过少林村的路上，看到一座石板桥上有模糊不清的石刻。探索南少林的痴迷之情让他敏感地来到了石刻边。他轻轻地除去上面的青苔，小心地辨认着上面的字迹，结果，他惊讶地发现，上面竟有"少林院沙门……"的字样。

吴镇辉十分激动，他觉得这一发现是个重要证据，立刻带领着他的学生开始了更多的调查取证。他们收集到了很多的碾药槽、马槽和大石珠,也就是说,该寺院规模宏大、武僧众多、驴马成群,因此极有可能是"少林院"。此后,闻讯而来的学者们又陆续发现了诸如"少林当山僧月休……"等带有少林的字样,由此他们断定,这里才是真正的少林遗址。

南少林始建于唐代,毁于战乱,遗址位于福建福清东张镇少林村。这里属于山区盆地,丛林茂密,与外界隔绝。从1993年以来,经过多次发掘,出土了大量珍贵文物,诸如石桥、石盂、石槽、石碾(药臼)、石碑、石础、石舂臼、石磨、石香炉、瓷器、钱币、铜镜,还有和尚墓塔等,发现了"少林院"、"少林"等石刻铭文。这些文物的出土使少林寺遗址得到了进一步的验证。

南少林寺遗址规模宏伟,遗迹结构完整,遗物分布广泛丰富,所显示的文化内涵与河南嵩山少林寺相似,是福建省内各寺院仅有的。

李仰松,1932年生,陕西临潼人,在史前考古学特别是民族考古学研究上做出了突出贡献,是著名的民族考古学家。

患病求医识龙骨——甲骨文

甲骨文发现于中国中部河南省安阳市的殷墟遗址，是已发现的中国人最早使用的文字。

　　1845年7月12日，王懿荣出生于福山古现镇东村世学之家，他自幼就对金石古物抱有浓厚的兴趣，并付诸研究积累，20来岁时便名满京都，成为士子争相结交以为风雅的人物。

　　1899年秋天，王懿荣患了疟疾，吃过许多药都不见好转。后来，有位知名的老中医给他开了一剂药方，药方上有一味叫"龙骨"的中药。王懿荣学识渊博，对中医中药颇有研究，却从来不知道"龙骨"这味药，因此十分好奇。打听之下，才知道，这种药来自于河南小屯村，最早是当地一个小剃头匠发现的。这个小剃头匠名叫李成，有一次他染上疟疾，又无钱买药，无奈之下病急乱投医，他就从地里随意捡拾了几块甲骨，将它们磨成粉末涂抹到患处。没想到，这种粉末吸湿的效果非常好，疮面脓水很快就被骨粉吸干了，李成的病就这样治好了。

　　痊愈后的李成十分兴奋，他再次试验了这甲骨的效果，验证了它的奇效。从此，他也不再以理发为业，而开始四处收集这甲骨，并为之取名为"龙骨"，以六文钱一斤的价格卖给药铺。除此之外，他还将"龙骨"磨成粉末，包成小包，自己在庙会上摆起了摊子，以跌打药之名进行售卖。渐渐地，其他的村民见到李成的收入不错，也跟着去捡拾"龙骨"换钱了，于是这"龙骨"也就成了一味有名的药材。

患病求医识龙骨——甲骨文

听到此处,王懿荣更感好奇,于是他派人到宣武门外菜市口一家老中药店达仁堂购买此药。没想到的是,这味药竟然让他解开了一个巨大的秘密。

当下人买回"龙骨"交给王懿荣时,他迫不及待地打开药包,想看看"龙骨"究竟是何物。可惜的是,"龙骨"已被捣碎成粉末,看不清本来面目了。于是,王懿荣又让人从药店里买回了没被捣碎的"龙骨"。

这次,他惊奇地发现,龙骨上面有很多划痕,但这些划痕不像是随意所为,倒类似篆文。难道这是上古之人留下的文字?王懿荣越看越奇怪,越看越心惊,他不敢怠慢,立即派人去药店买下了所有"龙骨",并开始了潜心钻研。

终于,王懿荣揭开了"龙骨"的秘密。原来,这些刻着划痕的"龙骨"是龟甲或兽骨,是商代人占卜用的。上面的划痕不是意外所致,而是商人刻的文字。在商代,不管事情大小,都要透过占卜决定。占卜的程序如下,先由占卜者选定龟甲和兽骨,并将它们擦拭干净;然后,用尖利的器物在甲骨表面刻上拟问的事,比如"大王问本月初十是否宜出猎";接着,占卜者在所问字句旁边刻划沟纹,并用烧热的铜器尖端锥刺沟纹,使之出现裂纹。最后,占卜者根据裂纹的形状、位置等推测吉凶,宣布鬼神之谕,并在裂纹旁刻出答案。

"龙骨"的秘密揭示后,引起世人震惊,王懿荣独具慧眼识甲骨的故事也成为千古美谈。此后,人们开始努力追踪甲骨的来历,考古界也掀起甲骨研究热潮。

甲骨文是中国已发现的古代文字中时代最早、体系也较为完整的文字,是现代汉字的早期形式。目前发现有大约 15 万片甲骨,4 500 多个单字,被识读的已有 1 500 余字。

这些甲骨文所记载的内容极为丰富,涉及到商代社会生活的诸多方面,不仅包括政治、军事、文化、社会习俗等内容,而且涉及天文、历法、医药等科学技术,是研究中国古代特别是商代社会历史、文化、语言文字的极其珍贵的第一手数据。

甲骨文的出现,印证了包括《史记》在内的一系列文献的真实,也把有记载的中华文明史向前推进了近 5 个世纪。

卫聚贤(1899~1989 年),山西万泉人。曾发掘南京明故宫,主持南京栖霞山三国墓葬发掘,并致力于江浙古文化遗址调查。后参与常州淹城遗址、上海金山卫戚家墩古文化遗址考察研究。著有《中国考古学史》、《古史研究》、《中国社会史》、《古今货币》等。

半个蚕茧——西阴村遗址

西阴村遗址位于山西省南部夏县西阴村东北俗称灰土岭的高地上，是以新石器时代庙底沟文化类型为主，兼有半坡上层、西王村三期、庙底沟二期等阶段以及商文化遗存的古文化遗址。

西阴村是山西运城市东北二十多公里的一个小村落，位置偏僻，毫不起眼。可是1926年的一次考古发现却引起世人对它的关注，让它从此驰誉世界。

1926年，考古学家李济带领考古人员在西阴村经过一个半月的发掘，出土了大量陶片和石器。由此，他断定这处遗址属于新石器时代彩陶文化遗址。随着发掘日深，遗址底部已经是一个大坑。这天，李济在坑底用铁铲仔细翻找着，突然，一个很小的东西在他手底出现了。他急忙捡起来，轻轻抚去上面的尘土观察，不由大吃一惊，这个小东西竟然极像半个茧壳。

这无疑是此次发掘中最有趣的发现了。李济把这个半割的、似丝的半个茧壳放在显微镜下考察，看到茧壳已经腐坏了一半，比当地家养蚕茧中最小的还要小一点，不过依然放着光泽。半个蚕茧上有明显的切割痕迹，切割线十分平直，一眼看去就是人工所为。毫无疑问，这些现象都在说明一个问题，早在新石器时代，当地居民已经开始人工养蚕了。

半个蚕茧的出土立即轰动了整个学术界。1927年初,李济和北大地质学家袁复礼决定将发掘出土的器物运回北京保管研究。他们组织人员将器物装了70余箱,经过艰难的长途运输,终于抵达北京。1月10日,清华国学院为了迎接这批出土器物,特地召开了欢迎会。

会上,李济和袁复礼介绍了发掘西阴村遗址的情况,并现场介绍实物。一名助教端着一盒子遗物走上来,李济说道:"这里就有经过切割的半个蚕茧。"顿时,所有同学伸长了脖子,向着盒子望去,他们知道半个蚕茧代表的意义,当然不肯错过良机。

在观望半个蚕茧的过程中,同学们议论纷纷,有的说:"哎呀,蚕茧还很白呢。我不相信年代那么久远,它还能这么白!"有的说:"新石器时代没有金属工具,它是用什么切割的呢?"

听着同学们热切的议论声,李济和所有老师都很欣慰,他们一一解答学生们的疑惑:蚕茧之所以看上去还很白,是因为用棉花衬托的缘故;而切割的工具,除了金属以外,还有各种尖锐的骨器、石器等。李济一边解释着,一边拿出一块仿佛石英的石片,说:"这种石头就可以用来切割……"

欢迎会结束后,李济为了确定半个蚕茧,又请生物学专家进行鉴定。结果表明,半个蚕茧果真是家蚕的茧。因此,小小的半个蚕茧证实了中国在史前时代就已懂得了养蚕抽丝的技术,它的价值无可估量。

西阴村遗址位于山西省南部夏县西阴村东北俗称灰土岭的高地上,以新石器时代庙底沟文化类型为主,兼有半坡上层、西王村三期、庙底沟二期等阶段以及商文化遗存,面积约30万平方公尺。

1926年秋,西阴村遗址首次发掘,出土了大量陶片和石器,并出土了著名的经过人工切割的半个蚕茧,证实了新石器时代人类养蚕的历史。1994年,遗址进行了再次发掘,发现了环绕古村落的防御壕沟设施,还有陶窑、灰坑、房址等。出土了彩陶盆、彩陶钵、罐、釜形鼎等陶器,还有石器刀、铲、镞、球、棒、骨器锥、镞等工具;另外,遗址中还发现了猪、羊、鸡等动物骨骼,反映了当时人们蓄养家禽的情况。

张光直(1931~2001年),致力于考古学理论和中国考古学的研究和教学工作,主要成就有二:开创聚落考古的研究;将当代文化人类学及考古学的理论以及方法应用在中国考古学领域。代表作 *The Archaeology of Ancient China*。

闪烁的蓝色火焰——马王堆遗址

马王堆遗址位于湖南长沙东郊马王堆，因传为楚王马殷的墓地，故名马王堆。

  1971年年底，在长沙市东郊的两座土丘下，当地驻军打算利用两个小山坡建造一个地下医院。这两个土丘可有些来历，因为它们的外形很像马的鞍具，因此被当地人叫做"马鞍堆"，后来讹传为"马王堆"。在一本地方志中，还记载着马王堆是五代十国楚王马殷的家族墓地。

  现在，马王堆下满是劳动的士兵，他们挥锹扬土，干得热火朝天，工程进展很快。可是，在施工过程中，发生了一件意外的事情，这天夜里，地下忽然冒出了一股呛人的气体，有人好奇地点燃它，顿时，一股神秘的蓝色火焰燃烧起来，在场诸人无不感到恐惧和不解。大家纷纷议论："这是怎么回事？为什么会冒出蓝色火苗？"

  有些人猜测道："听人说墓地里常有蓝色火苗，也许这里是墓地，地下埋着尸体。"

  这个猜测有些道理，不过有人反对说："墓地的蓝色火苗是磷在燃烧，可现在燃烧的是气体！那股呛人的气体是什么？"

  再多的猜测毕竟也不能得到答案。人们立刻向有关部门反映了这个问题。

  次年1月份，考古队来到了马王堆，展开了科学的发掘工作。当推土机轰鸣着清理掉一部分封土后，埋藏千年的墓葬遗址才向世人展现出它的全貌。

  这个墓葬南北长20公尺，东西长17公尺，属于大型的古代墓葬。墓葬上层是白膏泥,清理掉之后露出了厚厚的黑色木炭层。这层木炭非常厚,人们不得不开来卡车将其装走。结果,连续开来4辆卡车,每辆都装得满满的,才把木炭全部清理完毕。

木炭下面铺着很大的竹席。这时人们看到,这是一个方形的墓,深20公尺,从上到下逐渐缩小,像漏斗的模样,墓坑的底部摆放着4公尺多长、1.5公尺高的椁室,如此罕见的巨大椁室让经验丰富的考古学家感到惊讶。这是一个丰富的地下宝库,中央是巨大的棺材,四边的边厢里填满了五光十色的珍宝,在淤泥的覆盖下,每件物品都如新的一样。

随后,考古队员们小心地将文物一一取出,放好保存。在这个过程中,他们解开了马王堆的秘密,发现了世界上第一具保存完好的女湿尸。

马王堆遗址位于湖南长沙东郊马王堆,整个遗址是一个巨型的椁室,形状就像汉字的"井",中间是4层套棺,周围堆满了琳琅满目的陪葬品。

棺木中出土了著名的马王堆女尸,这是世界上第一例湿尸,考古意义重大。遗址的北面是墓主人的客厅,地上铺着竹席,四周围着丝幔,23个精心雕刻的木俑女仆尽心地服侍着她。东、西、南三面是墓主人的库房,摆放着漂亮的衣服和丰富的物品。从出土的竹筒和陶罐里可以发现保存完好的粮食、蔬菜种子和水果,其中有水稻、小麦、大麦、大枣、梅子、杨梅等几十个品种。

石璋如,生于1904年10月,河南省偃师县人。他依据殷墟地面上及地面下的建筑遗存及墓葬的研究,复原了地上的建筑物,并将复杂的考古现象加以关联,重建当时的制度。

千口棺材的墓地——楼兰

楼兰属西域三十六国之一，位于新疆罗布泊西北，与敦煌接邻，现在考古发现的遗址有楼兰古城、海头古城、瓦石峡古城、小河墓地等。

1934 年，瑞典考古学家贝格曼应邀来到中国西北考察，曾经带领着考古队找到楼兰古城的当地猎人奥尔德克告诉了他一个讯息，他说自己 20 年前无意中在雅丹布拉克和库姆河以南的荒漠里发现了一个有 1 000 口棺材的地方。听到这个消息，贝格曼非常感兴趣，他决定去寻找这个神秘的地方。

他们在楼兰库姆河边扎下营地，开始了艰苦的探索之旅。可是两个月过去了，他们一次次搜寻都劳而无功。面对漫漫黄沙，他们失去了信心，就连贝格曼本人都猜测，古墓是不是已让十几年间新形成的河湖水域给淹没了，或者是被某次强烈的风暴重新埋葬了？

贝格曼满怀失望之情带领队伍向更靠近罗布荒原西南的绿洲带挺进。不久，他们发现了一条流向东南的河流。这条河有 20 公尺宽，总长约 120 公里，水流虽缓，但岸边遍布着芦苇和红柳。这应该是库姆河复苏后才产生的河流，考古队员们于是给它取名"小河"，开始沿着它搜寻。

有一天，一位队员从东岸几公里远的地方跑回来，气喘吁吁地说："离这里四五公里的地方发现了一个山丘。"这个消息令人振奋，大家连忙跟随他前往。果然，在小河东岸四五公里处，有一个浑圆的小山丘。远远看去，山丘顶部长着密密麻麻的树木，高度基本上都在四五公尺。这些树木似乎都是枯死的胡杨，一株连着一株,挤挨在一起。

奥尔德克叫了起来:"就是它,就是它。"听到这句话,贝格曼异常激动,带头向小土丘上奔去。当他们来到山丘上时,顿时被眼前的景象惊呆了。山丘上,遍地都是木乃伊、骷髅、肢解后的躯体,还有凌乱的厚毛织物碎片和巨大的木板。

队员们在山丘上还找到了一船形木棺,当他们打开棺木时,竟然看到了一具保存完好的女尸。这应该是一个年轻美丽的姑娘,她身材娇小,仅5.2英尺,黑色的长发至今还披在肩上,她有着漂亮的鹰钩鼻和微微张开的嘴唇,嘴角微翘,就像着了魔法刚刚睡去一样,脸上浮现着神秘会心的微笑。面对美女,队员们几乎异口同声地喊道:"这就是传说中的'楼兰公主'或'罗布女王'!"

在当地传说中,2 000多年前,一位美丽的姑娘曾经统治过这个地方,为百姓们带来了安康和幸福。如今发现的美女尸体是否曾是传说中的人物呢?

不管怎样,楼兰美女的出现让队员们格外兴奋,他们随后进行了更大规模考察,发现山顶有10×16平方公尺大小,上面有彩绘的巨大木柱,精美的木栅栏,与真人一样大小的木雕人像,还有醒目的墓地地面建筑。所以,当贝格曼将这些发现公诸于众之后,专家一致认定,这里绝不是普通楼兰人的坟墓,而应该是一处重要人物的寝陵。他们将其命名为"小河墓地"。

小河墓地属于楼兰古国遗址之一。楼兰是西域三十六国之一,位于新疆罗布泊西北,与敦煌接邻,现在考古发现的遗址有楼兰古城、海头古城、瓦石峡古城、小河墓地等。

楼兰王国始建于公元前 176 年,公元 630 年消亡,王国的范围东起古阳关附近,西至尼雅古城,南至阿尔金山,北到哈密。楼兰古城位于罗布泊西部,处于西域的枢纽,在古代丝绸之路上占有极为重要的地位。中国内地的丝绸、茶叶,西域的马、葡萄、珠宝,最早都是通过楼兰进行交易的。许多商队经过这一绿洲时,都要在那里暂时休憩。

当贝格曼的考古队离开之后,这神秘的墓地再次从人们的视线中消失了,在长达 66 年的时间里,许多的考古学家都在努力地寻找它,却始终没能如愿。直到 2000 年,中国考古学家才重新寻找到了它的踪迹,开始了对这神秘墓地的探究。

高去寻(1909~1991 年),字晓梅,河北安新人,多次参与殷墟考古发掘,成就斐然。辑补梁思永先生未竟作品《侯家庄》。

三尺青锋剑犹寒——越王勾践剑

越王勾践剑于 1965 年出土于湖北荆州望山楚墓群，剑身经 2000 年而不锈，锋利异常，是极为罕见的文物。

1965 年，湖北江陵地区打算修建漳河水库，挖掘工作按照计划有条不紊地进行，不过，当水渠延伸到纪南城西北 7 公里时，人们忽然发现，这里的土层有些不一样，似乎有过挖掘的痕迹。施工人员知道江陵是楚国的都城，地下古墓众多，于是他们怀疑，这个土层下面也许正是一座古代的墓穴。想到这里，人们立刻停止了施工，并迅速通知了有关部门。

考古学家们迅速赶来了，以谭维四为首的考古学家们立刻展开了勘探，他们发现，这下面的古墓至少有 50 座之多，于是为之取名为望山楚墓群。发掘工作紧张有序地进行着，有一天，在其中的一个疑为楚国贵族的墓中，考古学家们在墓主人的内棺中发现了一把装在黑色漆木剑鞘中的青铜宝剑。剑鞘暗淡，宝剑看起来非常地不起眼，人们不禁奇怪了，这么普通的宝剑，为什么墓主人还要在死后将之特地放在身边呢？

这时，谭维四小心翼翼地拔出了宝剑，一道蓝光幽幽闪烁，所有人都惊呆了。那宝剑散发出淡淡的蓝光，剑身上竟然没有一丝锈迹，仿佛刚刚锻造而成一样，绝对是当之无愧的上古神器。

一个考古人员激动不已，情不自禁地伸手触摸了一下宝剑，谁知道轻轻一碰之下，手指立刻被划了个口子。所有人都惊呼起来，一把埋藏了 2000 多年的

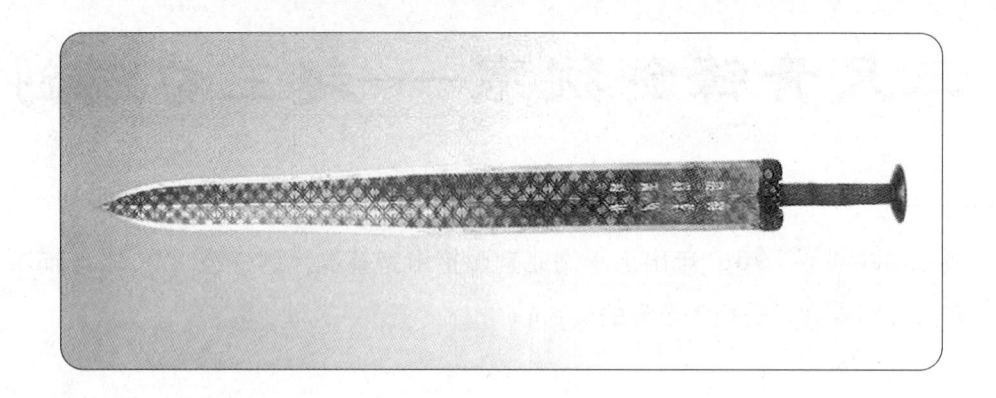

宝剑，竟然还能有如此的锋利？这一切让大家更为好奇，希望早日破解这把宝剑的谜题。

要知道这把剑的来龙去脉，首先就得解开剑身上那八个鸟篆铭文。其中的六个字早已经有答案，这是"越王自作用剑"，但越王之后的两个字却是人们从来没见过的，它到底是谁的名字呢？

无数的考古学家都投身到了研究当中。终于，故宫博物院的唐兰先生给出了答案，这两个字是"鸠浅"。而"鸠浅"又是谁呢？实际上，"鸠浅"就是"勾践"的通假字，也就是说，这把剑是越王勾践自用的宝剑。

这个消息一经公布，考古界立刻为之沸腾了。越王勾践卧薪尝胆，忍辱负重，终得雪恨，他的传奇经历连普通人也耳熟能详，如今亲眼得见他用过的兵器，寒气凛凛，锋芒依旧，怎能不让人浮想联翩。

越王勾践剑剑首外翻卷作圆箍形，内铸有极其精细的11道同心圆圈。剑柄上缠着丝绳并刻有三道戒箍。剑格向外突出，正面镶有蓝色玻璃，后面镶有绿松石，剑身上刻有八个鸟篆铭文。

经检测此剑含80%～83%的铜，16%～17%的锡，另外还有少量的铅、铁，剑身与剑柄上的铜锡比例并不一样。越王剑的手柄上所刻的同心圆,最小间隔只有 0.1 毫米,剑身上的菱形花纹为硫化而成,古人精湛无匹的工艺,实在令今人赞叹。

张朋川,1942 年生。江苏常州人,曾参加嘉峪关、泾原等地古代少数民族岩画的考察工作,参加兰州、景泰、广河、玉门等地远古文化遗址的田野考古工作,主持秦安大地湾、王家阴洼等遗址的田野考古工作。出版有《中国彩陶图谱》、《中国汉代木雕艺术》等著述。

孤奇怪异蜀文明——三星堆

三星堆遗址位于四川广汉南兴镇。总面积超过 12 平方公里。遗址文化距今 4 800~2 800 年，延续时间近 2 000 年。

在四川广汉南约三四公里处，有一条古老的马牧河，马牧河围绕着三星堆村形成了月牙般的弯道，于是人们都叫它月亮湾。河的南岸是三个起伏相连的黄土堆，因此古有"三星伴月堆"之称。

1929 年春，三星堆村民燕道诚和兄弟三人在宅子旁挖蓄水沟时，意外发现了一坑玉器。发现宝藏的消息不胫而走，传到古董商人耳中。来自全国各地的商人纷纷上门，向燕家兄弟购买玉器。1931 年，在华传教士英国牧师董宜笃也来到燕家，并购买了几件玉器。他略懂考古知识，觉得这些玉器来历不凡，就把它们交给了华西大学博物馆的戴谦和教授。戴教授又把玉器拿给博物馆馆长美国人葛维汉观看。葛维汉看到玉器，立即露出惊讶表情，喃喃地说："机会来了，机会来了。"

葛维汉觉察到，这些玉器背后肯定有更大的秘密。为此，他和博物馆副馆长林名均教授在 1934 年组织了一支考古发掘队，赶赴三星堆村燕家住宅进行发掘考察。从此，中国川西平原的考古序幕拉开了。

可惜的是，这次发掘并没有发现离此只有600千米远的三星堆遗址。而且，随着战事四起，当地的考古发掘工作暂停了。直到1953年，四川省部分考古人员才又一次来到这里，并重新提及三星堆文化遗产的事。于是，他们来到了燕家，动员燕家兄弟拿出古玉器，并建议政府再次进行调查工作。

1980年，在全面调查和多方人员努力下，四川省考古队终于对三星堆遗址开始了抢救性发掘工作。他们发现了龙山时代和距今3 000～4 000年的房屋基址18座，墓葬4座，出土了数百件陶器、石器、玉器文物和数万片的陶片标本。

这些发现无疑激发了人们的热情。1986年，四川省考古所决定在三星堆进行最大规模的发掘工作。7月18日，考古工作人员在发掘现场整理材料，突然，一位挖掘工人跑过来说："不好了，刚刚挖到了几件玉器，被大家抢了！"

原来，负责挖掘工作的是附近砖厂的工人，他们只知道玉器是宝物，可以卖钱，并没有考古眼光和知识。听到这一消息的考古学者们当即跟随工人来到发现玉器的地方，他们追回了玉器，并且惊喜地看到，一个宝藏的大门已经显露无遗。

最初，学者们认为这是一个大墓，就像在安阳废墟发现的武官村大墓一样。他们轮流值班，细心地指导工人们挖掘，希望能够快一点看到遗址的全貌。下旬的一天，学者陈显丹带着助手值班。夜里2点半了，他依然无法安睡，索性和助手们来到了宝藏中。在忽明忽暗的灯光下，他看到了地底下有一点点发光的东西，上面似乎还有花纹。当时，他以为是条金鱼，就用竹签慢慢向下挑。可是，他越挑越长，越跳越长，后来竟有一米多了。他的心怦怦直跳，助手们也不住地发出惊奇的询问声。他们看到这是一根金拐杖！在金拐杖旁边，赫然一个与真人相仿的铜人头。

他们不敢继续做下去了,慌忙把金拐杖和铜人头埋起来,跑去考古所主任赵殿增屋里,气喘吁吁地说:"重大发现,重大发现,跟真人那么大的铜头、铜人头,而且还有一个金拐杖,金灿灿的,我们赶紧给它盖了,快派人去守!"

就这样,三星堆遗址浮出了水面。在紧张的发掘之下,考古人员先后从坑底清理出众多器物。各种青铜器都很大,造型精美夸张,独特的青铜人像高鼻深目、颧面突出、阔嘴大耳,长长的眼珠呈圆柱形向外突出,呈现出与中原文化截然不同的风格。

当人们面对着这些器物时,空气仿佛凝固了。当年,葛维汉和林名均教授初次考察发掘三星堆时,曾经将发掘出的部分器物照片寄给旅居日本的郭沫若。郭沫若认为,在三星堆发现的玉器与华北、华中出土的相似,这是古代西蜀曾与华中、华北有文化接触的证明。他说:"'蜀'这一名称曾先发现于商代的甲骨文,当周人克商时,蜀人曾经前往相助过。"在中国历史中,蜀文化是偏远地带的象征,与华夏族关系疏远,直到魏晋时期,关于它的历史记载才较多。如今,三星堆遗址的发掘,无疑是揭示蜀文化的最好例证。

三星堆遗址文化距今 4 800～2 800 年,延续时间近 2 000 年,即从新石器时代晚期延续至商末周初。遗址包括大型城址一个、大面积居住区和两个器物坑等重要文化遗迹。两座大型祭祀坑内出土了大量青铜器、玉石器、象牙、贝、陶器和金器等。

三星堆遗址内存在三种面貌不同的考古学文化，这些文化连续发展，一期文化以成都平原龙山时代至夏代遗址群为代表，又称"宝墩文化"；二期文化以商代三星堆规模宏大的古城和高度发达的青铜文明为代表；三期文化以商末至西周早期三星堆废弃古城时期为代表，又称成都"十二桥文化"。

但是，关于三星堆遗址，至今仍存在着许多谜团。诸如三星堆古城是什么人建造的，这些人属于哪个种族，他们独特的面貌特征说明了什么，这一切都还有待人们的探索。

原田淑人（1885～1974年），日本著名考古学家，日本东洋考古学开创者之一。主要著作有《东亚古文化研究》、《东亚古文化论考》、《东亚古文化说苑》、《汉六朝的服饰》等。

斯坦因盗宝敦煌——莫高窟

莫高窟又称"千佛洞",位于敦煌县城东南 25 公里的鸣沙山下,因其地处莫高乡而得名。它是中国最大、最著名的佛教艺术石窟。

斯坦因是英国人,出生于 1862 年,他 25 岁时独身一人来到印度、克什米尔地区,从此开始探险、测绘和考古事业。

1907 年 3 月 12 日,斯坦因到达敦煌。本来,他准备在这里考察一下洞窟后就去罗布泊进行考古发掘的,可是他到达不久,就从一位定居敦煌的乌鲁木齐商人那里了解到一件事:莫高窟的王道士发现了一个藏经洞。这引起了他极大的兴趣。3 月 16 日,斯坦因来到千佛洞拜访王道士。不巧的是,王道士为了筹集修整洞窟的经费,外出化缘去了。

在等待王道士的过程中,一个小和尚给斯坦因看了一卷精美的经文。斯坦因并不认识汉文,不过凭借丰富的经验,他一眼就感觉到这种写本一定很古老。这让他心情激动,他决定从长计议,先去敦煌西北长城烽燧遗址发掘,经卷的事等王道士回来再说。

斯坦因在长城烽燧发掘了两个月,收获了大批汉代简牍。5月15日,他返回敦煌县城,正赶上千佛洞一年一次的盛大庙会,前来观光游玩和烧香礼佛的人很多。斯坦因十分精明,为了不惊动他人,他在县城呆了几天,直到5月21日,庙会已过,他才再次来到莫高窟。

王道士化缘已归,他听说有个外国人对藏经感兴趣,就用砖块代替木门堵住了藏经洞的入口,心情忐忑地等待着那人的到来。果然,斯坦因又来了,这次,他首先让自己的翻译蒋孝琬拜见王道士,提出想看看那批写本藏经的事,并说愿意出资换取部分经卷,支持他修理洞观。

王道士是洞窟主持,他自然知道政府不能随便买卖经卷的规定,而且他也了解当地老百姓对经卷的虔诚态度,不会答应他出卖经卷。因此,虽然他亟需金钱来修缮洞观,他还是狠狠心拒绝了斯坦因的请求。

然而,斯坦因是个很有心计的人,遭到拒绝后,他没有立刻离去,而是在莫高窟支起帐篷,作出一番长期停留、考察石窟的样子。表面上,他一天到晚奔忙在石窟中间,拍摄壁画和塑像,忙得不亦乐乎,而对藏经洞文物不感兴趣。暗地里,他指使蒋孝琬继续同王道士交涉,商谈出卖经卷之事。

最初,王道士对斯坦因并不信任,态度比较坚决。眼看着商谈无果,斯坦因又改变了策略,他从王道士关注的问

题入手,对正在努力兴修的洞窟表示出极大兴趣。这一做法迅速拉近了两人之间的距离,王道士非常兴奋,答应带着斯坦因等人参观一遍洞窟的全貌。在参观过程中,王道士为斯坦因一一讲解着壁画的内容,其中一幅是根据《西游记》唐三藏取经故事绘画的。内容是玄奘站在一条激流的河岸旁,一匹满载着佛经卷子的马站在一旁,一只巨龟向他们游来,想帮助他把从印度取来的神圣经典运过河去。

为了寻找古代遗址,斯坦因曾经深入钻研过玄奘《大唐西域记》。这幅画为他带来了灵感,他灵机一动,自称是一位佛教信徒,是玄奘法师的追随崇拜者。这番话果然打动了王道士,一天夜里,他拿出一卷写经交给斯坦因研究。斯坦因高兴地发现,这部佛教经典正是玄奘翻译的。

于是,斯坦因对王道士说:"我能看到玄奘法师带回的佛经,完全是玄奘法师安排的。印度已经没有这些经书了,玄奘法师有意让我把它们送回原来的地方。"

王道士相信了斯坦因,夜里,他拆除了藏经洞的砖墙,举着微弱的油灯,带着斯坦因进入洞内。洞内堆满了写本经卷,让斯坦因眼界大开,他立即和蒋孝琬翻检起来。可是卷本太多,不可能很快完成。为了掩人耳目,他们决定在附近的小屋里暂住,每天夜里由王道士入洞取出一捆写本交给他们研究。

由于经书数量庞大,斯坦因没有给每个写本都编出目录,只尽可能多、尽可能好地选择写本和绢、纸绘画。不久之后,他和王道士达成一笔交易,用不多的银元换取了满满24箱写本和5箱经过仔细包扎好的绢画或刺绣等艺术品。1年半后,这些珍贵的文物经过长途运输抵达伦敦,收藏进了英国博物馆。

敦煌在今甘肃省西北角,在汉、唐时代是一繁盛的城市,是"河西走廊"的必经之地,曾经留下了璀璨的艺术珍品和佛教宝藏。如今在当地考古发现的遗址很多,其中,敦煌莫高窟、敦煌玉门关、敦煌悬泉置遗址最为有名。

三者之中又属莫高窟最引人注目。莫高窟又称"千佛洞",位于敦煌县城东南25公里的鸣沙山下,因其地处莫高乡而得名。它是中国最大、最著名的佛教艺术石窟。分布在鸣沙山崖壁上三四层不等,全长1 600公尺。现存石窟492个,壁画总面积约45 000平方公尺,彩塑佛像等造型2 100多身。石窟大小不等,塑像高矮不一,大的雄伟浑厚,小的精巧玲珑,其造诣之精深,想象之丰富,堪称世界之最。

戈登·柴尔德(1892～1957年),澳裔英籍考古学家。曾任伦敦大学考古学院院长、爱丁堡大学教授和不列颠学院院士,早年领导苏格兰和北爱尔兰的考古发掘,后致力于欧洲和西亚的考古学研究,在史前学领域成就卓著。被公认为20世纪前期最有成就的史前考古学家。

地下的黑瓦人头——兵马俑

秦始皇兵马俑是秦始皇的陪葬坑,是世界最大的地下军事博物馆,被称为"世界第八大奇迹"。

在秦始皇陵东 1.5 公里的地方,有一个普通的小村庄,叫西杨村。村子里大多数人姓杨,他们日出而作,日落而息,数百年来过着平淡无奇的农家生活。1974 年,此地遭遇大旱,庄稼歉收。为了抗旱,西杨村决定在村南的柿树林打井。

柿树林墓冢累累,乱石堆积,平日里很少有人光顾。村里把这次打井任务分派给了杨志发、杨新满等十几个农民。很快,他们带着铁锹、锄头和简陋的工具开始了打井工程。不几天就挖到 2 公尺深的地方,地下出现了红烧土块。这天,杨志发、杨新满还有另外两个姓杨的村民负责挖井,挖到三四公尺深时,只有杨志发一人在井下挖土,其他人在井上提土。

杨志发一镢头挖下去,觉得下面有个硬东西。他很奇怪,就用足力气挖掘,结果土块落地,井壁露出一个黑东西。杨志发好奇地凑上去,用镢头细细挖着四周的泥土,竟然发现了一个像真人头颅一般大小的"黑瓦人头"!在当地,村民们曾经挖出过黑陶残俑,有的像人胳膊,有的像人腿,还有的像人头。他们称之为"瓦爷",认为这些东西是不吉祥的预兆,所以挖出来后都会偷偷埋掉,再也不敢向他人透露。

杨志发这次看到的是比较完整的"黑瓦人头",见这个人头顶上长角,二目

地下的黑瓦人头——兵马俑

圆睁，紧闭的嘴唇上方铺排着两撮翘卷的八字须。他没有像他人那样将其掩埋，而是毫不顾忌地把它装到土筐里，吆喝上面的人拉上去。杨新满三人用力拉上土筐，没想到里面竟然装着一个"人头"，吓得丢下土筐撒腿就跑。

此时，井下的杨志发有了更多发现，他陆续挖出陶俑的残断躯体，还有砖铺地面，以及铜箭等。他把这些东西归拢到一起，招呼伙伴们运上去。杨新满三人壮着胆子运上这些东西，并把它们抛入荒滩野地。

后来，随着挖掘出土的陶俑碎片越来越多，杨志发等人就向上做了汇报。县文化馆考古专家赵康民听说后，立即赶赴现场考察，并将陶俑进行修复，复原了第一尊秦兵马俑。

恰在这时，一名记者回到家乡临潼探亲，他将秦始皇陵发现大型陶俑的消息在报纸上作了报导，受到了有关部门的重视。7月15日，省文物局派出了秦俑考古队开赴发掘现场。随后,西北大学考古专业的师生也前来支持,发掘工作就此展开,埋藏地下2 000多年的兵马俑终于露出了地面。

秦始皇兵马俑遗址在秦皇陵东1.5公里处,陪葬坑坐西向东,共有三个坑,呈品字形排列,是世界最大的地下军事博物馆。俑坑布局合理,结构奇特,在深5公尺左右的坑底,每隔3公尺架起一道东西向的承重墙,兵马俑排列在墙间空档的过洞中。

1、2、3号兵马俑坑的总面积2万余平方公尺,共有陶俑、陶马约8 000件,像个庞大的地下军团。目前,1号兵马俑坑已发掘了三分之一,3号兵马俑坑已全部发掘,2号兵马俑坑正在发掘中。3个俑坑内现已发掘出土陶俑、陶马2 000余件,战车30余乘,各类青铜兵器40 000余件,还有大量的其它遗迹、遗物。陶俑、陶马的大小和真人、真马相似,种类众多,有车兵、步兵、骑兵等不同的兵种,排列有序,气势磅礴,是秦王朝强大军队的缩影。

黄展岳,1926年8月出生,原籍福建南安县,曾多次参加黄河水库、洛阳、西安、昆明、广州等地的重要考古发掘。主要论著有:《中国古代的人牲人殉》、《考古纪原》等。

佛祖舍利现真身——法门寺

法门寺位于陕西省扶风县城北 10 公里处，地宫内珍藏着 2 499 件大唐国宝重器，还有佛祖真身指骨舍利。

1981 年 8 月 24 日，位于陕西省扶风县城北 10 公里处的法门寺宝塔突然半边倒塌，成为一时关注焦点。

法门寺始建于东汉末年恒灵年间，距今约有 1 700 多年历史，有"关中塔庙始祖"之称。相传，释迦牟尼佛灭度后，遗体火化结成舍利。公元前 3 世纪，阿育王统一印度后，为弘扬佛法，将佛的舍利分成八万四千份，使诸鬼神分送世界各国建塔供奉。舍利到达中国后，先后在各地建有 19 处塔庙，法门寺即为第 5 处。

在北魏和隋唐年间，皇室曾经三度开塔瞻礼舍利。原塔俗名"圣冢"，后改建成四级木塔。唐高宗显庆年间更是进行了扩修，修成瑰琳宫二十四院，建筑极为壮观。历经唐宋盛世后，法门寺成为皇家寺院及举世仰望的佛教圣地。据说，公元 874 年唐僖宗皇帝在万民欢腾中送还法门寺的佛指舍利时，同时数以千计的皇室珍宝按唐密规定的仪轨被安置在地宫作为供养。不过，这个传说是否属实，一直以来都存在争议。

谁能想到，这次宝塔倒塌竟然成为揭开千古之谜的契机。

1986 年，政府决定重建宝塔，恢复它的昔日盛况。第二年 2 月份，重修工程开工了，人们紧张有序地劳动着，不知不觉到了 4 月 3 日。当时的工作人员也许

不知道，再过 5 天就要迎来一个特殊的日子，佛教的佛诞日。

这天一大早，人们照样忙来忙去，有的搬砖，有的挖土，有的和沙，工地上机器轰鸣，一派热火朝天的劳动场景。忽然，有考古人员无意中发现了一块白玉石板，人们清理掉石板上的浮土，一尊雄狮浮雕显现了出来。将石板打开，一个狭小的洞口出现在了人们面前。

考古队员们立刻回忆起了一个故事。据说 1939 年朱子桥将军主持修塔时，发现了塔下有座地宫，宫中珍藏着很多宝物。现在看来，这个消息很可能是真的，兴奋的考古队员立刻决定下洞考察，以免让地宫之谜永远埋于地下。

在考古人员进入地宫前，他们还是满腹疑惑的，可是当他们沿着撒布铜钱的踏步漫道拾阶而下，穿过石砌隧道走进立满佛像的前室和中室，置身方形的后室时，他们的惊讶和喜悦难以言表：地宫里，果然珍藏着佛教世界至高无上的真身佛舍利，还有大唐朝众多精美无比的宫廷珍宝。

218

地宫的秘密揭开了,考古人员决定进行科学发掘和考古工作。于是,5天后,也就是4月8日,即佛诞日这一天,沉寂了1 113年后,2 499件大唐国宝重器,簇拥着佛祖真身指骨舍利重回人间!

法门寺地宫遗迹包括明代塔基、唐代塔基和唐代地宫三个部分。发掘总面积为1 300平方公尺。其中唐代地宫坐北向南,近于"甲"字形布局。长21.2公尺,宽2~2.55公尺不等。地宫前有21级踏步漫道,下为长方形平台,是迄今所见最大的塔下地宫。

地宫内分为前室、中室(主室)、后室和后室秘龛几部分。漫道、平台和秘龛由方砖铺成;甬道和前、中、后室全用石块构筑。前室、中室和后室内储藏着四枚佛指舍利和各类文物。

存放佛指舍利的宝函由重重密套的金、银、水晶、玉石、珠宝和檀香木等贵重材料制成,极其贵重,反映出唐朝皇室对佛祖的极度尊崇,以及对舍利的极度珍爱,也反映出当时高度的物质文明。

丁麟年(1870~1930年),字绂臣,号幼石,清代日照县涛雒人。在文物考证方面有独特超群的见解,并有多种考古著录,是当时有名的收藏家、考古家和书法家。

何处去寻古杭州——良渚遗址

良渚文化遗址散布在长江下游环太湖地区 36 000 平方公里的范围内,多达 500 多处。遗址群中发现有分布密集的村落、墓地、祭坛等各种遗存,出土物中以大量精美的玉礼器最具特色。

20 世纪 70 年代初,浙江省余杭县长命乡的一个农民在农田翻地时,意外地挖出了一些古玉器。经过文物部门鉴定,这些古玉竟是距今 5 000 年前的玉器。考古人员非常激动,他们沿着这个线索寻找,最后找到了安溪一个叫反山的地方。

所谓反山,不过是比其他地方高出四五公尺的一个大土堆。富有经验的考古人员一眼就看出,这个土堆不是自然形成的,而是由人工堆筑的熟土堆。面对反山,他们不禁想到:"这个土堆是什么时候堆成的?这里为什么会出现古玉?难道这里与良渚文化有关?"

说起"良渚文化",还要追溯到 20 世纪 30 年代中期。当时,一位叫施昕更的学者在家乡余杭县良渚镇考察时,首次发现了大批新石器时代晚期的陶器、石器和玉器。后来,战争爆发,当地的考古工作被迫中止。50 年代后,考古工作者在太湖周边进行考察时,再次发现了相类似的遗存,于是，他们就将这些史前文化遗址正式定名为"良渚文化"。

如今，挖出古玉的反山就位于良渚镇西北方向5公里处，从古玉的材质和器形来看，与"良渚文化"的文物非常相似，所以考古人员猜测反山土堆下面也埋藏着"良渚文化"的遗存。

为了证实这一问题，考古界开始了认真而严肃的探究工作，并很快取得重大成就。1977年，两位考古学大家苏秉琦和严文明在调查间隙就此进行了一段意味深长的对话。

苏秉琦问："你说良渚这个遗址怎么样？"

严文明答："很大，但是一下子看不很清楚。"

苏秉琦继续问："我是说，它很重要。你看重要在什么地方？它在历史上应该占一个什么位置？"

严文明郑重地说："我看很像是良渚文化的中心。打一个不恰当的比方，假如良渚文化是一个国家，良渚遗址就应当是它的首都。"

"你说得也对。"苏秉琦高兴地说，"我本来是想说良渚是古杭州。……杭州应该是从这里起步的，后来才逐渐向钱塘江口靠近，到西湖边就扎住了。把良渚比喻成首都，也有道理……"

几十年后的今天，越来越多的来自良渚遗址的考古学材料对"良渚乃古杭州也"提供了佐证，不仅如此，严文明在之后进一步指出的"莫角山遗址上曾经矗立的恢宏建筑，很有可能就是我国最早的宫殿"的论断，也得到了学界的认同。

1986年，在12号墓坑中，一共出土了700多件玉器；1993年，12号墓清理完了以后，考古人员在 600 平方公尺的范围内，一个叫莫角山的地方又陆续发现另外 10 座良渚时期的墓葬，出土玉器达 5 000 多件（组），这是良渚文化考古发掘史上最为壮观的一次发掘。

现已发现的良渚文化遗址多达 500 多处，散布在长江下游环太湖地区 36 000 平方公里的范围内。最早发现的西湖良渚遗址位于中国东部浙江省余杭县，是中国文明起源阶段规模最大、水平最高的遗址，也是中国最重要的考古遗址之一。

作为一处新石器时代晚期的遗址群，西湖良渚遗址群总面积约 34 平方公里。它范围广阔，内涵丰富，分布于以莫角山遗址为中心的 50 余处。其中以反山墓葬群、瑶山祭坛和莫角山土筑金字塔等几处最为重要。遗址群中发现有分布密集的村落、墓地、祭坛等各种遗存，出土物中以大量精美的玉礼器最具特色。这些遗迹、遗物的发现，显示出良渚文化遗址群已成为证实中华五千年文明史的最有力的证据。

郭沫若（1892～1978 年），著名的作家、文学家、诗人、剧作家、考古学家、古文字学家和革命活动家。著有《中国古代社会研究》、《甲骨文研究》、《卜辞研究》、《殷商青铜器金文研究》、《十批判书》、《奴隶制时代》、《文史论集》等。

熠熠中华第一龙——红山玉龙

红山文化玉龙有"中华第一龙"的称誉,以一整块玉料圆雕而成,细部还运用了浮雕、浅浮雕等手法,通体琢磨,较为光洁,这都表明了当时琢玉工艺的发展水平。

中国东北赤峰市北160多里的地方有个县城叫翁牛特旗。这里曾经生活过蒙古王族。时过境迁,到了20世纪中叶以后,此地同中国其他地方一样,成为了一个普通城镇。没想到,1971年,翁牛特旗因为一位年轻村民的意外发现而驰名海内外。

这位年轻人名叫张凤祥,是三星他拉村的村民。这年,他不过17岁。有一天,他同往常一样下地劳作,休息时在地边的树巷子里发现了一些鸡蛋似的小石头。他觉得好玩,就边拣边扔着玩。忽然,石头哗啦一下漏了下去。他好奇地抓拉几下,看到下面有个小石板,非常光滑,似乎盖着底下的什么东西。

张凤祥心想,这是什么呢?底下会不会埋着什么?他继续挖下去。让他大失所望的是,除了石头,并无他物。正当他准备放弃的时候,一个锈铁蛋子出现在眼前。他抓起锈铁蛋子,掂了掂,觉得有二三斤重,心里一阵窃喜。他知道,铁可以卖钱,这个锈铁蛋子说不定可以卖上几毛钱呢。

收工时,张凤祥带着锈铁蛋子回家了。路上,他遇到了叔叔,给他看自己拣的铁块。叔叔看了看,认为生锈的铁不值钱,就把它扔了。

可是,张凤祥心里舍不得这块锈铁,他思前想后,又把它拣了回来。谁能想

到,这一念之间,竟然使他与珍贵国宝结下了不解缘。

回到家后,全家人对捡回来的锈铁并没怎么在意,他们最多不过想着收废品的人来了能换几个钱。张凤祥呢,便把这块锈铁拴上绳,让只有4岁的小弟弟拉着玩。小孩子天天拖着锈铁跑来跑去,十几天后,竟然把锈铁上的"锈"磨掉了。张凤祥家人面对露出本来面目的锈铁,不禁大吃一惊。他们看到,那充满锈蚀的铁块露出墨绿晶莹的颜色,这绝不是块锈铁疙瘩,而是一块玉!

这件事轰动了整个村子,大家都说:"这是个古物,可能挺值钱呢。"

张凤祥和他父亲很激动,他们把它包裹好了,收藏起来。有一天,生产队的干部听说了这事,建议他们拿到文化馆去看看。张凤祥家人听了后,怀里抱着这块玉,赶着毛驴车跑了十几里地,找到旗文化馆的工作人员。可惜,接待他们的人不懂文物,认为这个东西没用,就把他们打发走了。

回到家后,村里很多人为张家出主意,如何处置那块玉。其中,张凤祥的舅舅还建议他们把玉做成烟嘴。一个烟嘴可以换一头牛,那块玉可以做成四五个烟嘴呢。所幸的是,张凤祥的父亲没有同意这个提议,他坚决地说:"算了,这也许还是个宝物呢,不能损坏了。别洗,别割,拿到生产队去。"就是这一句话,保全了一件稀世珍宝。

一年后,张凤祥和父亲再次怀抱古玉来到文化馆。文化馆人员虽然不知道古玉的价值,但是十分欣赏他们父子的做法,就把古玉暂时留下了。当然,他们不懂古玉，也就不会好好对待它，而是把它随意放置到了一个存放各种藏品的废弃厕所里。

又是两年过去了，古玉屈尊厕所，依然无人鉴定它的价值。文化馆馆长从工资里拿出30元钱交给张凤祥一家，算是对他们的肯定。1975年来到了，恰逢辽宁考古所的孙守道、郭大顺、郭文宣三人从赤峰到克什克腾旗做野外调查，途中，他们路过翁牛特旗，见到了文化馆收藏的古玉。这件文物引起他们注意，他们当即找到张凤祥，请他带路到发现玉龙的地方考察。几年过去了，张凤祥已经记不清发现玉龙的具体地点。三人没有更多的发现，就把这件玉龙介绍给了中国科学院考古研究所的刘观民先生，刘先生判定这属于红山文化的东西。

最后，考古学泰斗苏秉琦先生，根据这件玉器的形状和质地把它定为原始社会新石器时代的"玉龙"，距今已经有五六千年的历史了。这件玉器从此终于走出了阴暗的库房，被当作一件重要的文物。1984年，红山文化遗址出土了更多玉器，这件玉龙也因此名声大振，被称作"中华第一龙"。

红山文化玉龙有"中华第一龙"的美誉，玉龙通高26 cm，墨绿色，卷曲呈C形。龙首很短，吻前伸上噘，嘴紧闭，鼻端截平，龙眼凸起且呈梭形，眼尾上翘。鬣毛长而弯曲上翘，自颈部延伸向下，长有21公分，线条流畅，有飞腾之感。

龙身基本上没有花纹，只在额及颚底刻以细密的方格网状纹，网格突起作规整的小菱形。龙体中有一小孔，可作挂饰。但玉龙形体硕大，且造型特殊，因而它不只是一般的饰件，而很可能是同我国原始宗教崇拜密切相关的礼制用具。

萧鲁阳，1942年10月出生，河南鲁山人，主攻老子研究、墨子研究，宋元图书事业发展史，古籍整理，著有《中国古代图书事业史》、《中原墨学研究》等。

牛河梁下积石冢——红山文化

牛河梁红山文化遗址位于辽宁省凌源市与建平县交界处，出土了包括玉人、玉凤、玉龙在内的 20 多件玉器。女神庙、积石冢、大型土台建筑址是牛河梁红山文化遗址的代表性建筑。

从 1906 年开始，日本人先后在赤峰市进行过多次考古调查，并采集了一些史前文物标本。30 年代，他们在赤峰东北的"乌兰哈达"后，也就是红山后，发掘了两处新石器时代居住址、31 处墓葬，出土人骨 29 具，动物骨 20 具，陶器等 16 件，玉石珠 380 颗，骨器 33 件，青铜器 14 件。这些行为引起了国内学者的注意，梁思永、裴文中也来到了这里，他们带着学生进行调查发掘，撰写了关于当地遗址的报告。

日本投降后，当地考古工作更加兴盛起来。1955 年，考古学家尹达在《中国新石器时代》一书中加写了《关于赤峰红山后的新石器时代遗址》一章，从此，红山文化的名称正式提出。

随着三星他拉村玉龙和其他各种玉器的不断发现，国内外对红山的关注更为密切了。一批批考古人员来到这里，展开了一次次的发掘。1981 年，辽宁省博物馆的郭大顺在建平县两位考古工作人员陪同下，来到了富山乡马家沟生产队。两年前，本村队长马龙图在一次犁地的时候，拣到了一个像马蹄子一样的玉器。

郭大顺慕名前来,正是要向他打听发现玉器的过程和地方。马龙图告诉他:"在发现这个玉器的地方,有人还挖出过一些人的尸骨呢。"

这一信息让郭大顺十分激动,他想,多年来考古人员一直在寻找红山人的墓葬,难道就是那个地方?他急忙让马龙图带他前往考察。

他们很快来到了当地村民称作"西梁地"的地方。这里群山起伏,一条俗称牤牛河的河流穿山而过。因此,河两旁的山梁就叫牛河梁。郭大顺发现,这里堆积着很多石头,陶片随处可见。他不露声色地在石块间仔细寻找着什么,突然,他的眼前一亮,一块腐烂的人骨头正静静地躺在石块间。他在那块有人骨的地方进行了简单的发掘,果真又找到一个人骨。他简单地清理了一下,竟然清理出了一座墓葬。后来发现,这个墓葬位于整个红山墓群的边上,编为一号墓。

在红山牛河梁发现一号墓之后,考古队正式开进了牛河梁。不久,他们发现了红山文化墓葬遗址20多处。这些墓葬不是普通的"土坑竖穴式",而是在墓的顶上堆满石头的"积石冢"。

当他们最终到达大墓底部时,情况糟糕极了。墓中所剩无几,陪葬品已被盗墓者洗劫一空。在接下来的几个墓中,考古人员也遇到了类似情况。这让他们非常地失望,不过,他们还是坚持发掘下来,终于在第五号中心墓有了重大发现。这个墓

埋葬着一个老年男性,随葬品有7件玉器,包括玉佩、玉镯、玉龟等。

随后的发掘越来越顺利,除了墓葬,他们还发现了祭坛。祭坛的出现表明,5 000年以前的红山人,已经纳入了同一宗教信仰和同一行为模式中。这无疑会增加各群落、聚落间的凝聚力,强化地域共同体的认同感,促进社会秩序一体化进程。因此,红山文化积石冢和大型祭坛反映了红山文化的重要特色,被看成中华文明起源的标志之一。

牛河梁红山文化遗址位于辽宁省凌源市与建平县交界处,占地面积50平方公里。这里先后进行过多次发掘,陆续发现了积石冢、女神庙、大型土台建筑址,并出土了大量属于红山文化的玉器。

3个遗址点依山势按南北轴线分布,坛庙冢三位一体,规模宏大、气势雄伟,是红山文化最高层次祭祀中心场所。它们是中华五千年文明起源的标志,也是上古时期黄帝等代表人物在北方活动以及宗教史、建筑史、美术史研究的珍贵实物资料。

总之,牛河梁遗址是5 000年"古文化、古国、古城"之所在,是中华五千年古国的象征。它的发掘出土,将中华文明史提前了1 000多年,被称为"中华文明史新曙光"。

宿　白,辽宁沈阳人,生于1922年。专于隋唐考古学和佛教考古学。1951年主持河南禹县白沙水库墓群的发掘。著有《白沙宋墓》、《西安地区唐墓壁画的布局和内容》、《大金武州山大石窟寺碑的发现与研究》等。

不可靠近的海域——"南海一号"

"南海一号"是南宋时期商船,也是世界上迄今为止发现的年代最早、船体最大、保存最完整的沉船,具有无可比拟的考古价值。

1987年夏天,阳东县东平镇一带的渔民发现了一个奇怪的现象,在附近海域,突然冒出了一些边防巡逻舰艇。每当他们准备下网捕鱼时,这些舰艇上的官兵就会赶过来制止他们说:"这里很危险,海底下有早年外国侵略者扔下的炸弹。你们不要在此捕鱼,赶快离开吧。"

渔民们十分害怕,他们听从官兵的劝说,一连十几年不敢在此海域下网捕鱼。2000年来到了,关于炸弹之说逐渐为人怀疑起来。渔民们隐约听说那片海域并没有炸弹,而是沉没了一艘古代商船!为了保护沉船和文物不被盗贼所破坏,政府才出动官兵,不准渔民私自下网捕鱼。

就在大伙私下里悄悄猜测时,揭开真相的日子终于来到了。2002年,考古工作人员悄悄进驻东平,开启了初期水下考古发掘工作。2003年起,沉船打捞工作由秘密转入公开,关于这艘沉船的来龙去脉也为世人知晓。原来,早在1987年,广州救捞局与英国海洋探测公司在阳江海域寻找东印度公司沉船时,意外在一艘宋代商船中打捞出200多件瓷器。这件事让中国考古界很感兴趣,他们认为这可能与海上丝绸之路有关,就把这艘沉船命名为"南海一号",并采取了保密措施,等待时机成熟进行发掘。

由于严密的保护,"南海一号"没有受到盗贼破坏。经过全面整体发掘,于

2007年终于全部打捞出水。至此,考古学家感慨道:"'南海一号'的发现和打捞,不仅在于找到了一船数以万计的稀世珍宝,由于它处于海上丝绸之路的航道上,因此蕴藏着非同寻常的学术价值。"在"南海一号"的发掘基础上,中国水下考古开始复原与中国海上丝绸之路有关的历史空白,开始兴起一种新的学说——海上丝绸之路学。

"南海一号"是南宋时期商船,长30.4公尺,宽9.8公尺,船舱内保存文物总数为6～8万件。该船沉没海面下20公尺深处,被2公尺多厚的淤泥覆盖,800多年来保存完好,整艘船没有翻、没有侧,端坐在海底,船体的木质比较坚硬。这是迄今为止世界上发现的海上沉船中年代最早、船体最大、保存最完整的远洋贸易商船,也是惟一能见证古代海上丝绸之路的沉船。

沉船中的文物以瓷器为主,包括德化窑、磁灶窑、景德镇窑系及龙泉窑系的高质量精品,绝大多数瓷器完好无损。另外,还发掘出了金、银、铜、铁等器具。

从沉船中发掘出的日用品来看,这艘商船的主人是位身材高大的富商,他可能从福建出发,运送货物到东南亚一带。至于船只为何沉没,以及沉没800余年而不腐烂,依旧是困惑考古界的重大谜团之一。

霍华德·卡特,英国考古学家,1922年11月发现了埃及法老图坦卡特陵墓。

精绝古城探迷踪——尼雅遗址

尼雅遗址位于新疆民丰县尼雅河末端已被黄沙埋没的一片古绿洲上,古遗址以佛塔为中心,散布于南北长 25 公里,东西宽 5～7 公里的区域内。

在讲述中国 20 世纪末的重大考古发现时,有一人不得不提到,他就是日本人小岛康誉。

小岛康誉是经营珠宝生意的商人。1982 年,他来到了新疆,打算在天然矿物蕴藏丰富的当地寻找发财之梦。然而,当他流连在洞窟佛像之前时,心情异样激动,发财的梦想消失了,代之而起的对文物的珍惜关爱之念。于是,他决定倾其所有,投资修复这些文物。

就这样,小岛与新疆结下了不解之缘。在保护新疆洞窟和文物的过程中,小岛自然接触到各种关于废墟遗址的传闻。有一次,他偶然听说塔克拉玛干沙漠中残留着一个较大的遗址,这个遗址就是神秘的尼雅古城。1901 年,英国探险家斯坦因首次发现了这座古城,并于 1906 年对之进行了调查发掘,共发掘出了卢文木简 721 件,汉文木简、木牍数件,以及武器、织物、工艺品和粮食作物等。但之后因为沙漠的阻隔,很少有探险者能抵达那里。这个消息让小岛十分兴奋,他反复向学术专家请教,还与当地政府部门磋商,最终决定出资支持尼雅古城的考古工作。

1988 年秋天,尼雅考察拉开了序幕。经过 5 年时间,小岛和队友们先后多次考察,揭开了尼雅遗址的概貌。原来,这里竟然是史籍中记载的西域三十六

国之一的精绝古城。

《汉书·西域传》记载,精绝位于昆仑山下,塔克拉玛干大沙漠南缘,虽是小国,但位于丝绸之路的要塞之地,一直接受汉王朝西域都护府的统辖。可是,到东汉末年,汉朝国力衰微,因此将兵力撤出了西域,从此,西域三十六国便陷入了无休止的争斗之中。精绝国弱小,无力与他国争斗,最终被来自于西南方向的 SUPIS 人征服,于公元 3 世纪左右,彻底灭亡了。

精绝古城的灭亡之谜解开了,但更多的谜团却摆在了考古学家面前。强悍好斗的 SUPIS 人究竟是来自何方?他们是什么人呢?精绝国应该有侥幸生存下来的后裔,他们又去向了何方呢?这所有的谜团,还留待后人去一一解释。

尼雅遗址位于新疆民丰县尼雅河末端已被黄沙埋没的一片古绿洲上,是汉晋时期精绝国的遗址。古遗址以佛塔为中心,散布于南北长 25 公里,东西宽 5~7 公里的区域内。遗址内发现了规模不等、残存程度不一的房屋、场院、墓地、佛塔、佛寺、田地、果园、畜圈、河渠、陶窑、冶炼遗址等遗迹。出土有木器、铜器、铁器、陶器、石器、毛织品、钱币、木简等遗物。此外,还发现了当时炼铁遗留下来的烧结物和炭渣。目前,发现的各类遗址已多达70处以上。

尼雅古城曾是丝绸之路上的重要城市,它的发现,对于研究中原王朝与西域古国的关系以及东西文化交流提供了珍贵数据。

邹　衡(1927~2005年),1927年生于湖南澧县。主要从事商周考古、新石器时代考古研究,著有《论早期晋都》、《文物》、《商周考古》、《夏商周考古学论文集》、《文物与考古论文集》等。

第五编
国外考古发现

从梦想走向现实——特洛伊古城

特洛伊古城位于希腊希沙利克,目前发掘出的特洛伊古城遗迹中,既有公元400年罗马帝国时期的阿西娜神庙以及议事厅、市场和剧场,也有公元前2600至公元前2300年的城堡,直径达120多米。

亨利希·谢里曼1822年出生在德国,他自幼家境贫穷,14岁就开始在杂货店当学徒。尽管他没有受过良好的教育,但他自幼就迷上了荷马史诗,而且对于荷马史诗中讲述的特洛伊战争深信不疑,认为荷马吟唱的都是真实的历史。不但如此,他还梦想着有朝一日能够发现特洛伊城,让古老的辉煌重现于世。这个想法在今天看来不足为奇,可在当时人们的眼里无疑于疯子的举动,要知道那时的人都认为荷马吟唱的特洛伊战争是神与神之间的争斗,是神话,而并非真实发生过的事件。

然而,谢里曼对自己的想法十分痴迷,念念不忘。当他46岁时,实现梦想的机会来临了。这时,经过多年奋斗的他已经成为百万富翁,想起童年时的梦想,他毅然说:"我不再经商了,我要把全副精力用于吸引我的研究工作中去。"

这个工作当然就是发现特洛伊古城。说到做到,谢里曼放下所有的生意,即刻动身赶往希腊去寻找自己梦寐以求的特洛伊城。到达希腊的第二年,他迎娶了一位美丽的希腊姑娘苏菲姬。苏菲姬不但美丽,还十分支持丈夫的事业,帮助他寻找特洛伊古城。

夫妇两人经过一年实地考察,认为特洛伊古城就在希沙利克山丘下,因为

"一个人只要踏上特洛伊的土地,就会惊奇地发现希沙利克那座宏伟的山丘是建造坚固城池的天然好地方,如果把这里修成要塞,就能控制整个特洛伊平原。在整个地区内没有可以与之媲美的所在。"就这样,从1870年4月开始,他们开始在希沙利克山丘进行发掘。

由于当时考古刚刚兴起,缺乏科学的指导和手段,也由于谢里曼缺少考古知识,因此,发掘工作非常简单直接。谢里曼指挥工人们向山丘中部挖进去,不久出现了残留的城墙,他们对此并不感兴趣,而是一路往下挖,这时,大量的家具、武器、装饰品出现了,这么多物品向人们证明:这里曾经有过一个富饶的城市。

消息很快传开,各地人们都在议论:难道谢里曼真的找到了特洛伊古城?

在人们疑惑的目光注视下,谢里曼有了更为幸运的发现。在刚刚发掘出的古城遗址下面,竟然又出现了一些新的古城遗址。这真是太令人难以置信了。可是,接下来的事情更加富有戏剧色彩,新古城遗址下面还有一层遗址,而发掘出第三层遗址后,依然有第四层、第五层……一直到达第九层。也就是说,整个希沙利克山丘足足有九层不同时期人们留下的各种遗物!

眼看着每天都有的新发现,谢里曼兴奋极了,可他又面临着一个新难题:究竟哪一个遗址才是特洛伊古城?他试图解答这个问题,于是对每一层遗址进行观察辨别,最后根据遗址的情况断定第八层遗址是特洛伊古城。可以说,谢里曼这次为期3年的发掘工作以大获全胜而结束,向人们证实了特洛伊的存在,促进了人们对于考古的热忱,是考古史上一次伟大的奇迹。

谢里曼凭借梦想让特洛伊重现于世,这本身就是一个奇迹。然而,他对于遗址的发掘和认识却存在很多错误,其中,他认定的第八层遗址为特洛伊古城遗址就不对。那么,谢里曼发掘的九层遗址中究竟有没有特洛伊古城?

其实,谢里曼发掘出的九层遗址都是特洛伊古城遗址,只是分属于不同时期。位于土耳其希沙尔克城附近40公里处的伟大的特洛伊古城从公元前16世纪前后为古希腊人渡海所建,其后历经数代王朝兴建了不同的古城。这些古城分属九个时期,代表了从公元前3000年至公元400年的特洛伊历史,其中公元前13世纪至公元前12世纪时,是特洛伊最为繁荣的时期。而谢里曼依据的荷马史诗《伊利亚特》中描述的故事场面并非在第八层,而是在第六层。

亨利希·谢里曼(1822~1890年),德国传奇式的考古学家。出于一个童年的梦想,他执著地放弃了商业生涯,投身于考古事业,使得荷马史诗中长期被认为是文艺虚构的国度:特洛伊、迈锡尼和梯林斯重现天日。

遍地黄金的古都——迈锡尼

迈锡尼遗址位于伯罗奔尼撒半岛东北，与爱琴海萨罗尼克湾相距 9 英里，与阿尔戈斯北相距 6 英里。在希腊文化史上，这里是闻名遐迩的中心。

毫无疑问，特洛伊古城的成功发掘不但给谢里曼带来了巨大财富，也为他赢得了考古界的崇高荣誉和地位，让他成为了名噪一时的人物。紧接着，谢里曼将目光转向荷马史诗中提到的另外一处地方——迈锡尼。

迈锡尼是希腊传说的一座古城，在荷马史诗中这样记载它的位置："位于牧马场阿尔戈斯的最深处。"现在，谢里曼感觉到迈锡尼的古英雄阿伽门农、欧里默登、卡珊德拉们在向他召唤，呼唤他打开迈锡尼的古老神话。

1876 年 2 月，谢里曼行色匆匆地赶往迈锡尼这座希腊古城。经过协商谈判，希腊政府同意了谢里曼的考古发掘申请，但是条件是他必须将发现的全部器物归希腊人民所有。

谢里曼答应了条件，7 月末，他开始了发掘工作。有了发掘特洛伊的经验，这次发掘相对要快速得多。他将大量标杆插入地层，进行大范围的发掘工作，几天时间，他发掘出了许多赤陶女人雕塑，还有一些原始的陶器，诸如手工打磨的黑色瓶和体积很大的坛子，当他继续往下发掘时，他搜集到许多用黑色矿石制成的刀具，蓝色和绿色石头制成的螺旋环等等。

这些遗物让谢里曼加快了发掘速度，很快，一些地方陆续发掘出粗石修建成的城墙遗址。这些组成古代巨石城墙的石头每个大约有 7 英尺长，其中最厚

的约有 3 英尺，甚至有些整体尺寸还要更大。城墙的出现使谢里曼更加坚信了荷马史诗中关于迈锡尼的传说，他顺着城墙发掘下去，在西北角上发掘出了著名的"狮门"。

"狮门"是通向迈锡尼卫城主路的守门。谢里曼亲手清扫干净尘封在狮门上的瓦砾碎片之后，一座古老的巨型门楣出现在人们眼前，门楣上横着一块巨大的石灰岩浮雕石板，浮雕上两尊雄狮威风凛凛，相向而立，尤为壮观。

至此，谢里曼开始将目光转向卫城内部，他认为荷马史诗中记载的传说故事发生在其内，那些古代英雄的陵墓也应该在其中。于是，他带领工人进入"狮门"，进行了更为复杂和艰苦的发掘工作。

经过几个月的努力，谢里曼先后发掘出了 5 座墓葬，这些墓葬中埋葬着数不清的财宝，出土的文物以其艺术价值使整个学术界为之目眩。谢里曼后来写道："全世界所有的博物馆加在一起所拥有的藏品还不及这些财富的五分之一。"在这些文物中，有黄金桂冠、金搭扣、铜锅、盛酒器——总之，宝物数不胜数，超出所有人的想象。

然而在所有出土物品中，最引人注意的莫过于一个面具。这个面具再现了自古以来就被认为属于希腊人的特征：脸庞窄小，鼻子很长，眼睛大大，嘴巴宽宽，嘴唇略显肥厚……面具上的胡子稍微向上翘起，下巴和双颊布满了络腮胡子。

面对塞满黄金的墓葬和面具，谢里曼毫不怀疑他发现了荷马史诗中描述的"遍地黄金的迈锡尼"，也断定这个有络腮胡子的面具遮盖的是阿伽门农的脸孔。传说中，阿伽门农是迈锡尼的伟大国王，他为了帮助弟弟，派兵攻打特洛伊，返回的路上被他老婆克吕泰涅斯特拉伙同情夫埃吉斯托斯密谋害死。

既然阿伽门农的墓葬已经发掘，那么其他充满黄金的墓葬中埋葬的一定也是著名的人物。谢里曼经过简单分析，于11月16日向希腊国王发出电报，声称他已经找到了古代传说中的墓葬，它们分别属于阿伽门农、卡珊德拉、尤利马登以及他们的朋友和同伴们。为了证明自己的结论，他特意举出这些墓葬的特点：所有这些墓室都是被一种双行的薄金属并行线条装饰着，在古代只有在祭奠伟大的人物时才会使用这种规格。

消息很快传遍各地，人们再次被谢里曼的伟大发现震惊，也被迈锡尼墓葬那古老的文明所折服。

实际上，缺乏深厚考古知识的谢里曼再次犯错了，他发掘出的面具并非是阿伽门农的，而是在他出生前300年制作的，但是，由于人们对于迈锡尼这位国王的尊重，依然习惯称呼它"阿伽门农面具"。

时至今日，迈锡尼更为引人注目的地方在于他的巨石城墙。巨石城墙是用巨石构成的，这些巨石都是经过打磨之后恰到好处拼接在一起的多边形状，拼接之后它们都呈矩形，使得整座城墙相当坚固。为了加固，巨石中间还填满了一些小石块。

另外，位于卡尔基米什的幼发拉底河城墙，也是闻名于世的最古老的工程建筑，即使在今天，它的建筑风格仍被工程师们广泛利用，而"巴格达铁路"便是建筑学上矩形风格的一个典型例子。

宾格哈姆，美国考古学家、参议员。1911年曾勘定印加帝国的首都比尔卡班巴和另一重要印加遗址维特科斯。著有《印加国家》、《马丘比丘遗址》等书。

消失的陆地——亚特兰蒂斯

传说中沉没的亚特兰蒂斯位于大西洲，在大西洋中心附近。

在发掘了特洛伊和迈锡尼之后，谢里曼一度将目光转向古埃及，对传说中提到的亚特兰蒂斯产生了浓厚兴趣。无奈，此时的他年老体弱，心有余而力不足，于是，这位传奇人物为世人留下了一个遗愿。

由于身体一日不如一日，谢里曼预感到自己的日子不多了，有一天，他向家人要来笔和纸，写下了一封信，并把这封信封存在一个猫头鹰形状的瓶子里。这个瓶子是他发掘的古物之一，瓶口细小，装进去的东西要想取出来，只有将瓶子打碎。谢里曼告诉人们："谁要想知道信的内容，谁就要打碎瓶子，并且发誓按照信的内容去做。"

几天后，谢里曼与世长辞，装有密信的瓶子连同他的很多遗物一起存放到了法国一家银行，这家银行受他委托代为保管这些物品。另外，谢里曼还留下一大笔资金，作为支持这项神秘事业的经费。

就这样，古瓶密信成为当时人们非常感兴趣的话题，人们纷纷猜测，谢里曼在信中究竟写了什么？谁会打碎瓶子取出密信，成为谢里曼遗愿的实现者？

时光飞逝，20年过去了，有人挺身而出，准备将自己的一生投入到这个密信所讲到的考古事业中去。此人不是别人，正是谢里曼的孙子保罗·谢里曼。保罗发誓："将按照祖父在信中所说的去做，决不食言。"发誓之后，他打碎瓶子取出密信，终于得知了信中内容。

信中写道:"打开这个信封的人,必须正式发誓继续我的事业。我已经断定,亚特兰蒂斯不仅仅是位于美洲与非洲、欧洲西海岸之间的一片巨大土地,而且,它也是我们今天人类文明的发源地。关于这个问题,在学术界已经引发了不少争论。有一些人认为,亚特兰蒂斯的传说根本是来自于诗歌中的想象,它是人类对发生在基督纪元前数千年的一场大洪水的支离破碎的记忆残留。另一些人则宣称这个传说完全是史实,但却不能拿出足够的证据。在信袋里,有一些文件、笔记、文章和文字证据,我认为这些东西都同亚特兰蒂斯有关。仔细阅读这些材料的人必须保证,接过我的研究工作,尽一切可能争取拿出有决定意义的成果来……"

谢里曼记载了他在特洛伊、迈锡尼以及其他发现中见到的各种与亚特兰蒂斯有关的遗物,有青铜瓶、雕塑和硬币等。他认为,在一些骨器和青铜瓶上刻着的象形文字的意思是"不朽的亚特兰蒂斯王"。他用来装密信的古瓶中曾经有一枚硬币,上面用腓尼基文字刻着:"来自透明墙的神殿"。另外,他还在迈锡尼狮门附近见到过一块碑文上写着"透特(埃及神话中的月神)是亚特兰蒂斯的一位牧师之子。"谢里曼还举出很多例证,来证明亚特兰蒂斯确实存在过,并要求继承者发誓去证实这些问题。

保罗继承了祖父的遗愿,开始了历时几年的考古探索。1912年,他发表了一篇文章,叫《我是怎样发现一切文明的发祥地亚特兰蒂斯的》,公布了自己发现了亚特兰蒂斯的消息。在文章中,他提到了一些新的发现,但并没有提供太多细节,而当时他宣布,将会在即将出版的著作中公布所有的证据。

然而,保罗的著作始终没有问世,而他自己也销声匿迹了。于是,很多人认为保罗不过是制造了一场骗局,然后便藏了起来,但更多的人却相信,他花了6年的时间奔走于埃及、南美各地,一定是发现了关键性的证据,但他为什么又突然消失,不再公布他的发现,却始终是一个未解的谜团。

因为这种种的未解之谜,亚特兰蒂斯的传说变得越来越传奇,也越来越吸引人,至今仍有无数的科学家为之耗尽一生的心血,希望解开这传奇的故事。

传说中沉没的亚特兰蒂斯位于大西洲,在大西洋中心附近。大西洲文明的核心是亚特兰蒂斯大陆,大陆上有宫殿和奉祝守护神波塞冬的壮丽神殿,所有建筑物都以当地开凿的白、黑、红色的石头建造,美丽壮观。

首都波赛多尼亚的四周,建有双层环状陆地和三层环状运河。在两处环状陆地上,还有冷泉和温泉。除此之外,大陆上还建有造船厂、赛马场、兵舍、体育馆和公园等等。

由于亚特兰蒂斯沉没在海底,所以对于它的考古发现比较困难,直到今天,人们也没有完全确定它的具体位置。考古界对此一直存在着很多争议,产生了塞浦路斯说、克里特说、直布罗陀说等多种说法。

黄文弼(1893~1966年),字仲良,湖北省汉川县人。中国现代考古学家,西北史地学家。他在考古学上的主要贡献是,根据实地考察所得,论证了楼兰、龟兹、于阗、焉耆等古国及许多古城的地理位置和历史演变;判明了麹氏高昌的纪年顺序和茔域分布;提出了古代塔里木盆地南北两河的变迁问题;更为探讨新疆地区不同时期的历史文化积累了相当丰富的资料。著作有《高昌陶集》、《罗布淖尔考古记》等。

印章背后的历史——迈诺斯文明

克诺塞斯最古老的居住史要追溯到公元前 6000 年。大约在公元前 2500 年出现了迈诺斯时期的文化。

　　谢里曼根据《伊里亚特》史诗提出的线索,找到了失落的特洛伊古城,与《伊里亚特》并列的另一史诗《奥德赛》,也为人们描述了一段生动传奇的故事。故事中讲到希腊英雄奥德修斯在攻陷特洛伊城后,历经 10 年流浪生涯回归家中。其中,史诗中提到了一处地名——克里特岛。

《奥德赛》的描述无疑给人们提供了丰富的想象空间,特别是谢里曼成功发

掘了特洛伊以后，很多人将目光转向了克里特岛。这些人中有一个人叫伊文思，他 1851 年出生于英国的一个村庄，自幼受父亲影响，对历史和文物很感兴趣。从 7 岁起就开始收集和研究古币，大学毕业后开始到各地旅行，出版游记，后来成为牛津大学阿西莫林博物馆馆长，是非常有名的考古人物。

1883 年，伊文思前去希腊拜访谢里曼，在那里，他见到了从迈锡尼出土的各种文物，这些文物中有一样东西引起了他的注意。这是一种个头不大、环状或者块状的雕石印章，这些印章数量很多，表面上嵌印着图案和符号。伊文思细细观察这些印章，被上面奇特的图案和符号深深吸引了，他发现这些图案和符号不像迈锡尼文化和希腊文化中所见到的，而有点像埃及的象形文字！

这个发现让伊文思想起一件事，几年来，不少学者指出迈锡尼文物上的一些设计及其他特征似乎与典型的"迈锡尼风格"格格不入，这些特征应该属于某个未知文化。现在，伊文思亲眼看到这些不同寻常的符号，他不得不相信学者们的推断，而且做出了进一步推测，谢里曼的印章可能就是这个未知文化的线索。

带着这个设想，伊文思开始了搜集类似印章的活动。这个过程中，他接触到来自雅典、希腊、埃及各地的商人，人们告诉他，这些印章来自克里特岛，这个岛屿就在希腊以南 65 英里外。

提起克里特岛，伊文思当然记得关于它的传奇故事。传说中克里特岛上有个迈诺斯王，他把雅典的童男童女作为祭品献给一个牛头人身的怪物，这个怪物名叫迈诺陶洛斯。为了管制它，迈诺斯王修建了巨大迷宫，把它关在里面，不许它出来。这个迷宫位于克诺塞斯，任何人进去都很难走出来。就连雅典英雄西修斯走进迷宫后，也出不来了，后来，他在迈诺斯王的女儿阿里阿德涅的帮助下才得以逃出去。

现在，人们说这些奇特的印章来自克里特岛，难道那些传说也是真实的吗？想起谢里曼发现特洛伊的事情，伊文思激动不已。终于在1894年，他来到了克里特岛。当他踏上这片土地时，立即被所见所闻惊呆了：商店摆着各式各样琳琅满目的古代雕刻印石，农人脖子上挂着作装饰的古刻印石，各种印石随处可见。他断定，这里的地下一定埋藏着巨大的秘密，这将是考古学上的另一次奇迹。

于是，伊文思决定买下这块地方进行考古发掘。十分幸运的是，伊文思在开挖的第一天就挖到了建筑物和艺术品。没有几天时间，他们就挖出了数枚雕刻印石、花瓶、陶罐、数以百计的刻着奇特文字的泥版。克诺塞斯王宫渐渐呈现在人们眼前。伊文思太激动了，他写道："这是一种异乎寻常的现象，不像古希腊，也不像古罗马，……也许，它的全盛时期可以至少追溯到迈锡尼时期之前。"

经过1个多月发掘，伊文思发现他们正在发掘一个庞大的建筑群，发掘最后显示，他们发掘了6英亩以上，共计1400多个房间，整个宫殿群就像一座迷宫，人在其中很容易迷路。至此，伊文思向全世界宣布了他的重大发现，并为当地人取了个名字——迈诺斯人，因为当地国王的名字叫迈诺斯。

从目前掌握的资料来看，克诺塞斯最古老的居住史要追溯到公元前6000年。大约在公元前2500年出现了迈诺斯时期的文化。在此期间，克里特岛人可能住在小村落里，随着时间推移而逐渐集中。大约在公元前1900年，迈诺斯社会进入"古殿时期"。他们在克诺塞斯建造了大型宫殿。一直持续到大约公元前1700年，迈诺斯人进入"新殿时期"，重建了很多宫殿。当时的迈诺斯文明，在经济和艺术方面，都达到顶峰。

迈诺斯人擅长航海，能轻而易举地横渡地中海，因此，迈诺斯人可以方便地与其他国家交往，并在爱琴海岛屿上建立起殖民地和贸易港。他们的经济主要依靠贸易。当时,迈诺斯出口很多物品,比如印石、葡萄酒、羊毛绒、珠宝、刀具、香水以及药品等,这些物品给迈诺斯人带来不少财富。

曾昭燏(1909~1964年),中国著名的女考古学家。主要著作有《读契文举例》、《彭山汉代崖墓考古发掘报告》等。对中国文物的发掘和保护作出了突出贡献。

第一座女性发掘的古城
——哥尔尼亚

哥尔尼亚是保护得最完善的古代克里特人文化的一座小城镇，建造于公元前 1700 年迈诺斯老宫殿时期之后，毁于公元前 1470 年。

痴迷田野考古的哈丽特·博伊德勇敢地组织了有史以来第一支女性野外考古队，并且进行了一些发掘工作。这件事在当时遭到很大非议，可是她坚持下来，并且前往克里特岛拜访正在发掘克诺塞斯宫殿的伊文思。

受伊文思影响，博伊德对克里特岛充满了好奇，十分渴望寻找到克里特村落。当她告别伊文思，和同伴骑着骡子在米纳贝罗海湾狭窄的山道上环绕时，她多么希望有所发现，能够找到一处可以发掘的古代遗址。

可是，她坎坷地跋涉了几个星期之后，依然一无所获。这时，她也开始怀疑此行是否真能找到什么东西了。就在她沮丧地打算回归时，幸运之神眷顾了她。

这天，博伊德一如既往地骑着骡子走来走去，看见不远处有位农民正在赶路。她想了想上前搭话："请问您是当地人么？"

农民回头看到这位年轻姑娘，客气地说："是啊，您有什么事吗？"

博伊德说："我在寻找一些古代器物，不知道您曾经看见过吗？"

农民马上从脖子上取下一个雕刻印章，递给博伊德说："您看这个是吗？"

博伊德接过印章一看，兴奋极了，伊文思就是在这种印章的引导下发现了克诺塞斯。她立即追问道："请问您是在哪里发现印章的？"

农民指着卡沃塞方向说："在距离卡沃塞不远处，我曾见到过一些废墟。"

真是踏破铁鞋无觅处，得来全不费功夫。博伊德让那位农民带领着来到一个被称之为哥尔尼亚的小湾，这里距现代公路并不远。博伊德马上开始了搜集和调查工作，她找到了一些陶器残片和石墙遗迹，并从卡沃塞带来了36位工人，指挥他们在这里开始工作。

发掘工作出奇顺利，第一天他们就发现了一把古铜刀、一把矛尖和许多瓶子的碎片，让博伊德最为兴奋的是，她发现了一条向外延伸的铺筑得很好的道路。以往考古经验告诉她，任何独居或墓地都不会有这种道路，所以这里应该有一座城市或大的城镇。

仅仅3天的时间，博伊德的推断就得到了证实，工人们发掘出了许多房屋和道路，这些房屋足够构成一个城镇。博伊德给美国探险协会发去了电报，声称自己找到了古克里特人的村落。这个消息让考古界为之一震，他们拍额惊叹："那条现代公路非常接近哥尔尼亚地区，我们都曾沿着公路走过，却浑然不知古城的存在。"

在博伊德的指导下，哥尔尼亚地区的发掘工作进展迅速，1904年末，那座埋藏于小山周围几英亩宽的地下城镇完全露出地面。人们可以看到屹立在山顶的最大建筑物，它要比普通房屋大12倍之多，有三层百货大楼那样高；还可以看到住宅、商店、神殿、女神或者女祭司的塑像、祭坛等等。这一切表明，哥尔尼亚是克里特岛的一个小城镇，代表了典型的克里特文化。

博伊德发掘出的哥尔尼亚是克里特岛的一座"工业城市"，其中很多建筑物显示了它们曾是手工艺作坊。在那座最高大的建筑物旁边就是一座木工作坊，里面有五把凿子、一把锯子和一把斧头，它们都被仔细地隐藏在门厅过道下面；从一家铁匠铺里还发掘出了一套制作铜钉和凿子的模子；还可以辨别出的其他建筑如渔民、陶工、织工、鞋匠和油漆工的作坊。

现在考古学家认为哥尔尼亚就是保护得最完善的古代克里特人文化的一座小城镇，建造于公元前1700年迈诺斯老宫殿时期之后。哥尔尼亚城毁于公元前1470年，也就是在那场使迈诺斯文化毁灭的大灾难中，它也随之毁灭了。其后，克里特岛的新征服者曾经占领和建设了几年，不过再也没有恢复它昔日的繁华。

孙云涛，中国地质学家、古生物学家、地层学家、地质教育家，他的重要学术成就是对寒武纪地层、地史及其三叶虫动物群的研究。著作有《就中国古生代地层论划分地史时代之原则》《太平洋，早古生代生物扩散的重要中心》等。

捕蝶人密林探幽——吴哥古都

吴哥古都遗址位于柬埔寨洞里萨湖之北，南距县里暹粒市6公里。公元15世纪到19世纪是高棉王国都城。

亨利·英哈特是19世纪伟大的发现者，他在一次漫游中发现了吴哥古都，使之重现于世，成为一百多年来考古史上的奇迹。

1858年10月，亨利来到了暹罗首都曼谷，开始了采集动植物标本的活动。他对当地的蝴蝶情有独钟，多次外出采集标本，在这个过程中到过很多地方。1860年1月，他到达柬埔寨西部城市马德望，该城位于浓密的大森林中，地处地势低洼的平原，是采集蝴蝶标本的好地方。

在这里，亨利首先拜访了法国传教站的罗马天主教牧师，希望能够获得他的帮助。牧师对亨利的活动十分支持，两人很快成为好朋友。有一天，亨利外出归来时匆忙找到牧师说："我听人说从这里往东，过了洞里萨湖（今金边湖），有一处石建筑物遗址。"

"是的，"牧师点头说，"这里的人们都知道这件事。"

亨利很激动，他说："我们为什么不去看一下呢？也许会有了不起的发现。"

牧师赞同亨利的提议，于是两人准备了小木舟，打算穿过洞里萨湖前去考察。

几天后，亨利在向导的带领下，乘坐小木舟来到了洞里萨湖对岸。眼前有一条小路，周围光秃秃的，因此不断刮起风沙，这让亨利有些不习惯。很快，前面出现了森林,风沙也就消失了。亨利紧随向导走进幽暗古老的丛林,他们默默地穿行着,小路两边全是长满苔藓的岩石、小丘,青藤胡乱地攀爬着,一副阴森可怖的气氛。

亨利走在路上,不时抬头观望,他也许有些迟疑,不知道是不是该继续走下去。就在这时,他忽然发现前方出现了一道长长的石台,石台下面还有可攀登的楼梯,上面覆盖着淡淡的苔藓和几根青藤。这让亨利惊喜交加,他注意到自己刚刚看到的岩石小丘原来是一群建筑物和石雕塑像,它们只是被纵横的树根分割,被苔藓和青藤埋没了。也就是说,他正站在一个被热带丛林遮盖住的古建筑物之上。

亨利激动地在石建筑物遗址上奔走着,他攀登石梯,扯开青藤,一步步走向高处。他走到了一条高高的道路上,这条道路用巨石筑堤、碎石铺面,是一条罗马式古道。顺着古道望去,亨利看见了更为神秘的景观:古道跨过宽宽的壕沟,一直通向一群长而尖细的高塔。那些高塔上雕刻着美丽的图案,简直就像是神话一般迷人。

神奇的发现使亨利忘记了疲劳,他满怀敬慕之情地想到:这里应该就是书中所说的吴哥的古城,用柬埔寨的高棉语来讲,这里就是"首都"。那些高塔是庙宇,是曾经闻名于世的宗教建筑群。

经过3个星期的辛苦工作,亨利基本上对吴哥遗址进行了全面的了解。带着珍贵的资料,他恋恋不舍地离开吴哥,踏上搜集蝴蝶的新路途。不幸的是,第二年他就因病去世,蝴蝶标本在运回国内时也因船只遇难而全部沉入海底。

后来，他弟弟将他在东南亚的所见所闻整理发表。在这些文章中，既包含对古都吴哥最详细的描述，也包含大量精美的遗址插图，通过它们，消失在人们视线之内的吴哥古都终于再次浮出，成为考古史上最伟大的发现之一。

吴哥古都遗址位于柬埔寨洞里萨湖之北，占地约9平方公里。吴哥古都始建于公元9世纪，13世纪建成。古迹包括大、小吴哥两地的吴哥通王城和吴哥寺（又名吴哥窟）；各种建筑约600座，散布在45平方公里的森林中，包括石造宫殿、佛寺宝塔，层层屹立。全部建筑都用巨大石块砌成，有各种精美雕刻，是世界著名的佛教建筑。

吴哥城曾是东南亚历史上最大、最繁荣、最文明的王国之一的高棉王朝皇家中心。从9世纪的最后10年耶输跋摩一世迁都至吴哥直到13世纪初期，吴哥诸王统治着南起中南半岛南端，北至云南，东自越南，西到孟加拉湾的大片土地。在此期间，他们动用了大量人力、财力从事大规模建设，以为自己和国都增色。自阇耶跋摩七世后，国势逐渐衰落，1431年泰族军队攻占并洗劫了吴哥，此后该城便被废弃。

吴哥古都与中国长城、埃及金字塔、印度尼西亚婆罗浮屠，并称为"东方四大奇迹"。

童恩正（1935~1997年），湖南宁乡人。考古学家、科幻作家。多次参与西南地区考古工作，并以此为题材创作了优美的科普小说，其作品《珊瑚岛上的死光》被评为中国科幻小说代表作。

填补空白的探险——津巴布韦

"大津巴布韦"在班图语中意为"石头城"。在公元 13~15 世纪，曾是南部非洲古王国的都城，遗址于 1877 年被发现。

19 世纪前期，欧洲人对于非洲的了解甚少，在他们绘制的地图上，非洲内地竟然是大片大片的空白地区。1847 年，在德国一个木匠之家，一位 10 岁的小男孩正捧着这样一幅地图观看。他很奇怪，不知道为什么非洲都是"空白"的，难道那里跟世界其他地方不同吗？这些想法让他产生了一个愿望，那就是到非洲去探险，将这些空白地带填补上！

带着这个梦想，小男孩开始发愤攻读生物学、地质学以及非洲的语言和各种探险作品。经过 17 年的学习和准备，小男孩成长为健壮而又具有丰富探险知识的青年。由于缺乏经费，他便以船员的身份踏上去非洲的路程。

第一站是南非的德班，在朋友的资助下，他开始了穿行南部非洲的探险。期间，由于雇不起帮工，他只好自己扛着 60 磅的装备出没于羚羊藏身之地。除了背负沉重的装备外，他还要忍受南非炎热太阳的烘烤，懂得躲避草原野兽的袭击。而这样的日子他足足过了 6 年。

6 年的磨难就这样寂寞地流失了。这天，他来到了林波波河南岸，立即被此

地的地质状况所吸引。他放下装备，取出仪器测量、观察，最后断定这里是黄金、矿石矿藏的矿脉。

这里确实是一处矿脉，大批的黄金正是从这里流出去的。这个发现给他带来名声和金钱，不久，他结识了一位德国传教士，传教士告诉他在当地听说过庞大石建筑废墟的事情，那些石建筑群就在林波波河北岸，莫罗莫他巴的古都马绍那。这个消息格外吸引人，他立即想到了《圣经》中关于俄斐的传说。俄斐是一个富得流油的宝地，当时国王示巴女王觐见所罗门王时，曾经带着大量黄金和宝石，成为轰动一时的事件。

现在，既然找到了矿脉，那些与之一河相隔的石建筑群遗址会不会就是俄斐遗址呢？他立即动身赶往马绍那，开始了新的探险之旅。

1871年，他越过林波波河来到了马绍那。可是，当地人对白人怀有敌意，试图害死他。这让他再次面临绝境。所幸的是，一位脱离白人社会的猎人救了他，并留他住下，带他到10英里之外的津巴布韦小山丘考察。

来到津巴布韦山丘上，他立即取出工具在废墟上攀援、挖掘、测绘，一连做了几天，他发现了很多建筑物，其中有一座塔，塔周围是石头围场。这些发现让他确定这里曾经是座城镇。不过，要想证实这里就是俄斐，还需要更多证据。

很快，证据出现了。一天，他在山顶上的一个圆形围场的大门上发现了一根芳香的淡红色木条。他从木条上削取薄片进行观察，确认竟是檀香木！《圣经》中曾提到所罗门用檀香木装修他的宫殿，于是他推测，一定是俄斐的女王从所罗门那里学到了经验，也用檀香木装修宫殿。这样推测下去，他认为圆形围场就是女王的宫殿，这片遗址就是俄斐遗址。

可惜的是，他缺少考古知识，所以不能进行更深入准确的发掘研究，而因为他没有更多的证据证明自己的发现，当时并没有引起多少人注意。直到19世纪90年代，才有考古学家真正地发掘了这一遗址。但不管怎么说，作为发现者，卡尔·莫克的名字将永远留在了考古史册上。

"大津巴布韦"在班图语中意为"石头城"，在公元13～15世纪，曾是南部非洲古王国的都城，遗址于1877年被发现。

津巴布韦遗址位于哈拉雷以南约300公里处，总面积达720公顷，共由90多万块花岗石砌造而成。石块连接未用任何粘合物，至今仍坚固挺拔，宏伟壮观。遗址分山顶建筑、山下石廓和谷地建筑三个部分。山顶建筑是遗址最古老的部分，建在100公尺高山顶上，设有堡垒和围墙，是国王的住所。山下石廓是遗址规模最大的一部分，呈椭圆形，由高11公尺、周长243公尺的石墙围成，是王后和嫔妃的住所。谷地建筑是大臣和其他重要人物的住所。后许多著名文物都在此出土，如"津巴布韦鸟"的石雕。石廓内一高11公尺、底部直径6公尺的锥形石塔，现已成为津古文化的象征。

目前，大津巴布韦遗址被联合国列入世界文化遗产之一，是撒哈拉以南非洲大陆最重要的古代遗迹。其代表的古代非洲文明，被称为"津巴布韦文化"。

陈梦家(1911～1966年)，浙江省上虞县人。曾使用笔名陈慢哉，现代著名古文字学家、考古学家、诗人。他在语言文字学领域的贡献主要集中在他对甲骨文、殷周铜器铭文、汉简和古代文献的综合研究方面。他对汉简研究的成果主要集中于《武威汉简》、《老子今释》等。

国外考古发现

矗立空中的花园——巴比伦古城

巴比伦古城有内外两道城墙，城里最壮观的建筑物，就是尼布甲尼撒王宫和著名的"空中花园"，以及那座据说让上帝感到又惊又怒的巴别通天塔。

1898年，科尔德递交了一份报告，以"卡色尔一定可以挖出尼布甲尼撒时期以来的古物"为条件，请求柏林政府批准他负责巴比伦的发掘工作，很快他便收到了政府的回复，批准他负责巴比伦的考古工作。

巴比伦的发掘工作进行得很顺利，很快，大量文物出土，他的成绩也得到世人认可。有一天，当科尔德在南城堡的东北角看到一座圆拱形建筑时，他立即看出这座建筑非同寻常。这是他在巴比伦看到的第一座圆拱建筑，圆拱是用石料和常见的砖砌成的。在发掘出的整个巴比伦中，只有一处石料建筑，那座建筑在卡色尔的北墙；而且，圆拱建筑位于巴比伦城最古老的一部分，这里名叫巴比尔，此地有最早的地窖；更为奇特的是，这里还发现一眼古井，井是由三条竖井构成的。

为什么会在这里出现形状奇特的建筑呢？科尔德在古井边徘徊着，沉思着。他想，这三条竖井是一眼抽水井，当年很可能配有一套由链条带动的水泵，可以不断地抽水。这样来看，整个圆拱建筑就是一套结构特殊、从设计到建筑都很出色的装置，它应该具有特殊的用途。

想着想着,科尔德眼前忽然一亮,他猜到了圆拱是什么。在关于巴比伦的各种资料中,曾经提到过两处石料建筑,一处是卡色尔北城墙,一处是"赛米拉米斯悬空花园"。现在,北城墙已经确认,那么圆拱建筑就是悬空花园了。

这一想法让科尔德激动不已。多少世纪以来,关于巴比伦空中花园的传说非常多。相传,它是巴比伦国王尼布甲尼撒二世为让他的米底妻子赛米拉米斯公主排忧解闷而兴建的。人们盛传它的美丽、它的迷人,认为它是世界七大奇观之一。如今,站在圆拱建筑之下,科尔德的猜测能否得到证实呢?

当科尔德将自己的猜想告诉大家时,发掘工地一片沸腾,人们情绪高涨,急切地期待着几千年来的一个谜团能否真相大白。科尔德开始更为深入仔细地研究资料,他翻阅古籍,细心推敲,指导工人们仔细挖掘,终于,他得出了这样的结论:那些圆拱是用来支撑"空中花园"的,那眼井是用来浇灌花木的。

至此,传说中的空中花园得到证实,它成为巴比伦考古研究中最重要的发现之一。如今,这件古迹依旧被公认为非凡的古建筑之一,吸引了世界各地人们前往巴比伦遗址参观游览。

国外考古发现

巴比伦古城位于幼发拉底河和底格里斯河的交汇处,始建于公元前1830年,毁灭于公元前6世纪。巴比伦曾是古代两河流域地区最壮丽最繁华的都城,城里最壮观的建筑物,就是尼布甲尼撒王宫和著名的"空中花园",以及那座据说让上帝感到又惊又怒的巴别通天塔。

巴比伦古城有名的建筑还有它的城墙。城墙分内外两道,厚度可以让一辆4匹马拉的战车转身。长达16公里,每隔一段距离就有一座城楼。城墙不仅是巴比伦人用来抵御敌人的主要屏障,而且也是一道保护巴比伦城不受河水泛滥之害的可靠堤防。

王绵厚,1945年5月生,辽宁海城人。多年从事东北历史、考古和文物研究,致力于历史地理研究和高句丽等民族研究。著有《东北古代交通》、《秦汉东北史》等。

藏在高山上的废墟
——马丘·比丘

马丘·比丘位于现今的秘鲁境内库斯科西北 130 公里,整个遗址高耸在海拔约 2 350 公尺的山脊上,俯瞰着乌鲁班巴河谷,为热带丛林所包围。

宾格哈姆是一位考古学家,1906 年至 1907 年间,他穿越委内瑞拉和哥伦比亚的群山峻岭和丛林,翻过安第斯山脉,来到了秘鲁首都利马。他要在这里考察印加遗址,寻找印加帝国最后一个要塞维尔卡巴姆巴。

印加帝国曾经是一个强盛和具有十分完善的安第斯山人的文化,首都在库斯科。16 世纪,西班牙入侵者消灭了印加帝国,库斯科也就失去了首都的地位。不过,根据当时西班牙人记述,印加人并没有全部被消灭,他们有一部分人逃进了丛林,建立了一个名为维尔卡巴姆巴的新首都。他们居住在这遥远的要塞中,好些年来都不让西班牙人接近他们。直到公元 1572 年维尔卡巴姆巴被攻克,印加帝国的末代皇帝被杀死,维尔卡巴姆巴城也随之消失得无影无踪了。

宾格哈姆带着考古队首先来到了库斯科,希望在这里能够寻找到关于维尔卡巴姆巴的蛛丝马迹。几年的时光很快过去,他们在库斯科西北的安第斯山上艰难探索着,始终一无所获。1911 年 7 月 24 日,这天,考古探险队长途跋涉之后,夜晚时分到一家小旅店投宿。

在店里,宾格哈姆与店主闲聊时,店主告诉他:印加的一些废墟遗址就在不远处的两座被称为维依拉·比丘和马丘·比丘的山峰之间的某一山脊高处。

宾格哈姆喜出望外,立即说服这位店主带他到这些废墟遗址去。

可是,探险队中其他人对此事却兴趣不大,他们认为这位店主只是在编故事。然而,宾格哈姆却坚持己见,他不顾众人反对,带着店主和一位警卫员冒雨上路了。

雨急路滑,他们只能小心翼翼地往上爬,半路上旅店老板就放弃了继续前进,他不肯再往前去,但宾格哈姆很坚持,他一定要看到那座废墟。于是店主让当地一名农民的儿子带宾格哈姆继续前行。

宾格哈姆跟着男孩子继续往高山处走去,终于,他看见了四周由石块构筑的梯地,这让他兴奋难抑。他一直走到山脊的顶端,沿路看到了很多一块块小小的平地。他蓦然觉得,自己走进了印加人修建的天地之间。在山顶,他看到了隐藏于树丛藤蔓间的废墟墙壁;在两个陡峭山峰的鞍地里,他看到了许多石头构成的废墟遗址,其中有寺庙、房舍等等。宾格哈姆意识到,自己已经来到了当今称为马丘·比丘的印加遗址了。

宾格哈姆连忙下山招呼考古队成员。第二天,他们出发去这个地区寻找更多的遗址。结果,在距离马丘·比丘约60英里的地方,他们又发现了一个更大的印加城市遗址。宾格哈姆经过确认,认为这里就是消逝了很久的印加的最后都城——维尔卡巴姆巴。

马丘·比丘位置极佳,曾是理想的军事要塞。马丘·比丘遗址大约由140个建筑组成,分为三个部分:神圣区、通俗区、祭司和贵族区(也叫居住区)。神圣区里有献给最伟大的太阳神 Inti 的"Intiwatana"、"太阳庙"和"三窗之屋";居住区一部分是专属于贵族们的,房屋成排的建在一个缓坡上,还有一部分属于智者们。

在主要城堡中,还有专门关押和惩戒犯人的监狱;石头建造的纪念陵墓;由一整块巨大的花岗岩凿成的阶梯;还有大量的水池,互相间由穿凿石头制成的沟渠和下水道联系。

1983年,马丘·比丘被联合国教科文组织定为世界遗产,是世界上为数不多的文化与自然双重遗产之一。

托马斯·爱德华·劳伦斯(1888~1935年),也称"阿拉伯的劳伦斯",参加发掘赫梯王国,因在1916年至1918年的阿拉伯大起义中作为英国联络官的角色而出名。

玛雅文明的最后领地——科潘

科潘是玛雅许多文明中心中的一个，整个地区是一个 80 平方英里的河谷地区，而城市本身不过几平方英里多一点，位于河谷地区的最低处。

佛雷德里克·加瑟伍德是英国绘画艺术家，他喜欢旅行，曾在埃及的一个考古队负责测绘技术，具有一定考古经验。1836 年，37 岁的他在伦敦遇到了一位来自美国的旅行者。此人叫约翰·李约德·斯蒂芬斯，比他小 6 岁，曾经是位律师，由于热衷漫游和古文化，放弃了本行，刚刚从特佩拉考察回国。

对于古文化的共同兴趣让两人很快成为好友，他们开始计划对中美地区进行一次探险考察。1837 年，斯蒂芬斯因出版《阿拉伯人特佩拉游记》一书而名声大振，得到的稿费足以保证他们的探险所需。

很久以来，人们都在传说中美洲的墨西哥南部、尤卡坦半岛、危地马拉和洪都拉斯存在着大量的废墟，可是人们对这些遗址了解甚少。16、17 世纪时，西班牙人入侵中美洲，他们认为当地的文化充满了邪恶，因此采取了消灭措施，这样，被称为玛雅人的文化被无情地消灭了。之后，中美洲很多地方的古老文明就像断线的风筝一样，不见了踪影。

18 世纪以后，人们重新将目光聚焦中美洲，聚焦那片被消灭了的玛雅文明。可是，由于西班牙入侵者对玛雅的彻底破坏，留给后人们的信息非常破碎。从 1786 年以来，尽管有不少人前往墨西哥南部废墟考察，也发表了很多关于废墟的文章，但是由于彼此见解不同，对于当地文明的看法存在两种截然不同的态度：一种观点认为印第安人的文明原始野蛮，毫无内在价值；另一种观点则认为中美洲是世界文明的起源地，它的文明向西移动，传到中国、印度、美索不达米亚，最终传到欧洲。

就在两种理论争吵不休之际，我们故事的两位主人公上路了。他们来到了科潘（今洪都拉斯西部的科潘·瑞纳斯镇）谷地的一条河边，远远望去可以看到河对面一条长长的石墙建筑，他们立刻意识到，那是一座巨大建筑的遗迹。于是，他们穿越河流，攀爬上高大的石墙建筑，沿着石阶慢慢考察。

这里掩没在热带雨林之中，杂草丛林覆盖之下，石建筑的遗迹很难辨认，但是他们经过不懈地搜寻，还是找到了一个石头砌成的半圆形的竞技场、一些美洲虎的雕像、巨大的石雕头像，还有一个巨大金字塔的顶部。塔四周围着石柱，石柱上雕刻着各种图案，这些图案千奇百怪，出乎两人的想象。

他们顺着石阶向塔顶爬去，最终坐在塔顶上放眼四望，看到了科潘遗址的全部面貌。面对着被毁灭的城镇，他们心情沉重，不由问身边的向导："玛雅文明为什么被毁灭了？"

向导张口结舌，支吾着回答："谁知道呢！"

加瑟伍德和斯蒂芬斯面面相觑，多少天来，他们曾经问过很多当地人这个问题，可是得到的答案总是这句话。他们无言以对，默默地观望着遗址，掏出纸和笔一边记录，一边勾画草图。

这次发现极大地鼓舞了加瑟伍德和斯蒂芬斯,他们在科潘呆了好几个星期,并且考察了更多的废墟遗址。回国后,他们共同发表了《中美洲、契阿帕斯和尤卡坦游记》,并于第二年再访尤卡坦半岛,访问了契晨·伊特萨和其他地区的玛雅废墟遗址,出版了《尤卡坦探险轶事》一书。这两部书吸引了众多的读者,为推进玛雅文化研究起了很大的作用。

大约在公元前1100年,科潘地区开始有人居住,公元前2世纪,玛雅文化诞生。此后,玛雅人在科潘及各地修建大型建筑,进入今天学者所说的古玛雅时代。

科潘是玛雅许多文明中心中的一个,整个地区是一个80平方英里的河谷地区,而城市本身不过几平方英里多一点,位于河谷地区的最低处。这一地区内有3 500座草木覆盖的高岗,每一处都是一座文化遗址,还有其他千余座高岗沿着河谷地区零散地分布着。

1982年,联合国教科文组织宣布科潘为世界级文化遗产之一。1984年,洪都拉斯政府宣布科潘成立国家考古公园,并且筹备一个考古博物馆,于1996年对公众开放。

约翰·莱恩哈德,高山考古学家,在1989～1992年期间,莱恩哈德主持首届安第斯水下文物考古研究计划。在该研究中,他在秘鲁的安姆帕托山脉上,找到古印加女孩冰冻的木乃伊像。

阿拉伯禁地——佩特拉

佩特拉位于今天约旦和南叙利亚境内，是阿拉伯游牧民族纳巴秦人从公元前6世纪开始建造的，它的建筑融入埃及、叙利亚、美索不达米亚、希腊以及罗马的建筑风格，展示出一个多国文化交流中心城市的风貌。

贝克哈特于1784年出生于瑞士，受教于德国和英国，信仰基督教，是标准的欧洲人。但他从小学习阿拉伯语，对中东地区的文化非常熟悉。正是这一点，使他在25岁时接受了一项特殊任务。当时，英非联合会准备调查一个地质学难题：北非的两条大河尼日尔河和尼罗河是否源于同一条河流？他们选中了贝克哈特，要求他用第一手数据揭开尼日尔河与尼罗河之间关系的谜底。

这个任务并不轻松，因为当时北非属于奥斯曼帝国统治。奥斯曼帝国地处土耳其中心地带，信仰伊斯兰教，他们与信仰基督教的欧洲各国战火不断，因此，奥斯曼土耳其人以及他们遍布中东和北非的臣民们对欧洲人颇不友好。独身途经穆斯林地带的基督教徒往往会被当地人当做奸细，或被驱逐出境，或遭杀害。

不过，贝克哈特还是勇敢地接受了这个任务。他首先去了叙利亚，用几年时间完善自己的阿拉伯语，熟悉伊斯兰的宗教信仰、典礼仪式。然后到达埃及的开罗，装扮成商人加入到穿越撒哈拉沙漠去尼日尔地区的商队。为了装扮得像阿拉伯人，他蓄了胡须，更名西克·坎布拉罕·阿布道拉，进入到穆斯林世界之中。

此时的贝克哈特满脸络腮胡,头裹穆斯林头巾,身着穆斯林长袍,讲一口流利的阿拉伯语,具有渊博的学识,他在旅途中处处受人尊敬,穆斯林人都误把他当成了博学多才的伊斯兰法学家。凭借着这一点,贝克哈特可以放心大胆地去完成自己的任务了。

然而此时,贝克哈特却对任务之外的更多事情产生了兴趣。其中之一就是他到达了被遗忘的城市佩特拉,从而掀开了关于佩特拉的神秘面纱。

与其他考古遗址不同,佩特拉并非完全消失的城市。公元2、3世纪时,佩特拉是罗马帝国东部省城的佼佼者,后来逐渐衰落。到19世纪初,除了阿拉伯沙漠游牧民族贝督因人外,已经很少有人访问此地。对外界而言,佩特拉的地理位置极其神秘,如同废墟一样具有考古价值。1806年,一位德国学者伪装成阿拉伯人,穿越奥斯曼领地,从一个贝督因人那儿获悉了"佩特拉废墟"。他试图悄悄溜进佩特拉,可是不幸被发现是伪装成穆斯林的基督教徒,惨遭杀害。

这件事情更加重了佩特拉的神秘色彩。如今6年过去了,贝克哈特从叙利亚向开罗南行途中,突然发现自己正处于佩特拉附近。好奇心促使他放弃前行,改道前往佩特拉。他非常幸运地没有暴露身份,安全地抵达了佩特拉。在这里,他发现通往佩特拉的必经之路是西克山峡,深达200英尺。山峡蜿蜒深入,谷内漆黑一片,真是一处令人毛骨悚然的处所。但是转过山峡,一座名叫卡兹尼的建筑豁然在目。这个建筑高大雄伟,雕凿在沙石壁里,在阳光照耀下,色彩艳丽,熠熠生辉。

过了卡兹尼,前面就是佩特拉城。悬崖构建的城墙,崖壁上雕凿着台梯、塑像、堂皇的入口、多层柱式前廊,以及各式房屋、墓地。这一切显示了佩特拉曾经有过的辉煌。

在佩特拉的发现让贝克哈特激动不已,他似乎忘记了自己的使命,开始专注于各地旅行考察。结果,他在1817年不幸染病去世,临终也未能完成任务。庆幸的是,他将在各地考察的情况做了笔记,这些笔记厚达5卷,由英非联合会出版发行。

在这些笔记中,关于佩特拉的故事引起世人注目。不少欧洲人先后进入佩特拉考察,并做了更为详尽的记录,绘制了很多图片。后来,一位来自美国的年轻人斯蒂芬斯也来到佩特拉,他被佩特拉深深打动,写下《阿拉伯人佩特拉游记》一书,发表后引起很大轰动。随后,更多人涌向佩特拉进行参观、考察、发掘和研究。这座屹立于阿拉伯禁区的古城终于再现于世,成为当今考古界一颗耀眼的明星。

公元前6世纪,纳巴泰人从阿拉伯半岛北移,进入佩特拉所在地区(今约旦和南叙利亚境内)。他们先后建造了众多安居地,尤以首都佩特拉最为突出。公元1世纪,罗马人控制了佩特拉周围的地区,公元106年夺取了佩特拉,而城市及周边地带成了罗马帝国的一个省,称作阿拉伯人佩特拉区。

佩特拉的建筑卡兹尼闻名于世,它高130英尺,宽100英尺,柱子上装点着比真人还大的塑像,整座建筑完全由坚固的岩石雕凿成形。这座建筑最引人注目的特征是色彩。由于整座建筑雕凿在沙石壁里,阳光照耀下粉色、红色、桔色以及深红色层次生动分明,衬着黄、白、紫三色条纹,沙石壁闪闪烁烁,无比神奇。

巴·道尔基(1822～1855年),蒙古族人,蒙古学专家,对蒙古史做了相当多重要的研究和考证。他提出的有关"成吉思汗石碑"大约建于公元1225年至公元1226年的论断,得到了世界蒙古学家们的普遍认可。

偷偷发掘的秘境——亚述王宫

亚述王宫遗址位于伊拉克摩苏尔市，底格里斯河东岸。主要部分是库云吉克丘和奈比尤奴斯丘。

在考古史上，对于美索不达米亚地区的发掘充满传奇色彩。

美索不达米亚地区位于两河流域，公元前3000年左右，亚述人在此建立亚述王国。公元前2500年，亚述王国形成以尼尼微为首都的强大国家，统辖周边许多小国家。公元前612年，新巴比伦和米底联军进攻尼尼微。尼尼微在被洗劫一空后，又被放了一把大火，从此，人们除了从史书上知道曾经有过尼尼微这个城市之外，其他就一无所知了。

1842年，法国人博塔首先宣布发现了亚述帝国的都城尼尼微，但他并没有发掘出王宫遗址，因此也就缺乏有力的证据证明自己的发现。3年后，一位英国人来到了此地，他在进入一座古城遗址参观后，产生了继续发掘尼尼微的想法。

此人名叫莱尔德，当他来到传说中的由宁录亲手奠基的一座古城遗址时，他看到了巨大的长着翅膀的人像，他们手中都拿着神秘的象征物，带着诡秘莫测的东方色彩。想到古代历史学家曾经在《万人进军》一书中提到过这个金字塔，说一万名士兵驻扎其上。莱尔德浮想联翩，他最终决定继续发掘，用事实证明尼尼微的存在和曾有的辉煌。

经过分析，莱尔德决定从博塔首先发现的两座土丘开始发掘，这两座土丘一个叫库容吉克，一个叫乔纳之墓。先前，博塔曾在乔纳之墓发掘过，可惜一无

所获。这次，莱尔德准备在库容吉克发掘。

然而，和博塔一样，莱尔德也遇到了地方势力的阻拦。一位总督下令："不允许任何人在这里发掘坟墓。"

面对阻挠，莱尔德采取了灵活的应对措施。他装扮成猎人，在地方长官面前走来走去，让他们对自己放松警惕；私下里，他却召集工人，偷偷把工具运到库容吉克附近，等待时机发掘。夜幕降临了，工人们发掘出了亚述宫殿的遗址，这让莱尔德格外激动。不过，他依然不动声色地应付着总督，防止他们去发掘现场破坏。

就这样，在莱尔德与总督周旋的过程中，尼尼微最大的亚述王宫出土了。这座王宫是亚述国王西那克里布的王宫。西那克里布以嗜杀著称，他在公元前689年毁灭了巴比伦城：军队不仅屠城，还把城中所有的建筑都统统拆毁，最后甚至将亚拉奇都运河中的河水灌入整个城市，使巴比伦城陷入一片汪洋。为了让这座城市彻底消失，他的士兵们将巴比伦大地上的泥土，用船尽量运走，然后丢弃在荒漠之中，任其随风飘散。这座城市就这样消失在历史的尘埃中。

通过几年的发掘，莱尔德在尼尼微收获惊人。他发掘出了自公元前704～公元前681年一直统治着亚述的国王辛拿切利甫的部分宫殿。宫殿拥有71间房间，其中一间是随后建造的图书馆，这是辛拿切利甫的孙子阿西巴尼浦的杰作。这就是闻名于世的亚述巴尼拔图书馆。这是现今已发掘的古文明遗址中，保存最完整、规模最宏大、书籍最齐全的图书馆。图书馆包揽了古亚述丛书——从语言、历史、文学、宗教到医学，无所不有。

通过对亚述王国最大王宫的发掘，莱尔德证实了尼尼微的确曾经是亚述王朝的都城，为后人继续发掘尼尼微，研究美索不达米亚地区文明打下了基础。

齐东方，1956年生于辽宁省昌图县。主要从事汉唐时期的考古、历史、文物、美术的教学与研究。出版学术专著《唐代金银器研究》等三部。

无所事事的发现——苏美尔

苏美尔民族在4 000年前就消失了,连名字都被人遗忘。但它对后来的亚述人、巴比伦人产生了很大影响。

在博塔和莱尔德发掘了尼尼微之后,在史密斯翻译了泥版文字中的洪水故事之后,考古学者们一致认为,在美索不达米亚平原上还有一个更古老的民族文化。虽然没有考古证据,虽然缺乏文献资料,可学者们固执地认为:这个未知的民族一定存在过,根据一些残缺的碑文提到过"苏美尔与阿卡德之王",他们认为这个民族应该叫苏美尔。

没有任何证据预先确定一个民族和他的文化,这是考古史上非常少见的现象,但更少见的是,这个预言很快就被证实了。更加令人不可思议的是,证实预言的人竟是一位官员,他似乎与考古没有多少渊源,而他发现苏美尔的经过也充满了传奇意味。

发现者名叫欧内斯特·德·萨才克,他是法国驻伊拉克的领事官员,被派驻到伊拉克之后,他每日里打猎游荡,无所事事。这样过了两个月,单调的生活让他颇感苦闷,于是他开始关注当地的文化,与当地人交往。

一天,他与当地一位朋友交谈时,谈到古巴比伦和尼尼微遗址。这时,那位朋友向他提议:"离这里不远有一个土岗,你要是感兴趣也可以去看看,说不定能挖掘出什么东西来。"这个提议打动了萨才克,他想,反正闲着无事,不如去看一看,即便发现不了什么,也可以散散心。

无所事事的发现——苏美尔

朋友说的土岗在泰洛附近，因此叫做泰洛土岗。这是个不规则的圆形土岗，长约2.5英里，宽1.25英里，坐落在一个一年半旱半涝的地区内，看上去一点也不诱人。

不过，既来之则安之，萨才克提着工具上了土岗。当他粗略地观察了一遍土岗，原先的低落情绪一扫而光，他高兴地看到，这里布满了陶器、泥筒和雕塑的碎片，在土岗的另一侧低洼处，还有一个未完成的雕像，雕像上刻着铭文。这一切都说明，这里曾经是古代的城镇。

兴奋的萨才克开始考虑挖掘的地点。他知道，土岗虽不大，但是凭借个人的力量不可能全部挖掘，因此他决定从未完成的雕像入手。他觉得这个雕像一定是从高处滚下来的，那么就从滚落雕像的高处开始挖吧。动土不久，他就发现了大面积的建筑物和各式各样的残片，其中一块巨大的饰文墓碑，属于一位名叫伊纳托姆的国王；许多闪长岩雕像，属于一位名叫古德阿的邦主，他统治的城名叫拉嘎什；还有两个赤陶圆柱，每个圆柱上都刻有2 000行楔形文字，这些文字与已经发现的楔形文字和象形文字不同，完全是一种更古老更奇特的文字。

虽然挖掘出了不少东西，但是萨才克并不了解它们的真正价值，仅从外观看，这些东西粗陋笨重，毫不起眼。好在萨才克对当时的考古有些了解，他觉得有必要带回去给考古学家看一看。于是，他把它们带回巴黎，交给了卢浮宫东方古物馆馆长。馆长一看，当即瞪大了眼睛，他发现自己看到了早于亚述人1 500年的东西，激动的馆长立刻对萨才克说："先不要公开你的发现，悄悄回去，继续发掘遗迹。"

萨才克回到土岗，开始了继续发掘工作。终于，他将这个古老的民族完整再现于世,他说:"自从发现了尼尼微以后,还没有任何发现可以在重要性上和最近于迦勒底出土的文物相提并论。"

消息公布后,无数学者纷纷赶往迦勒底,去发掘和了解这个古老的文化遗迹。关于苏美尔的预言也开始一步步证实了。

自从苏美尔遗迹发现以来,人们已经了解到苏美尔民族在4 000年前就消失了,连名字都被人遗忘,但他对后来的亚述人、巴比伦人产生了很大影响。

从考古发掘来看,巴比伦人采用的是苏美尔人的建筑风格,特别是穹隆结构的运用首先就是苏美尔人发明的。对法律影响极大的希伯来法是以巴比伦法为基础的,但巴比伦法又来自苏美尔人的法律。巴比伦人的许多工艺,正是靠苏美尔人传授的。巴比伦人的楔形文字又是借鉴苏美尔文形成的。甚至巴比伦人的神就是苏美尔人的神,只是名字不同罢了。至于亚述人,在建筑上也秉承了苏美尔人的传统,他们都有名为"齐古拉特"的梯形塔,这些塔造型奇特,看上去就像一层层叠放的砖面。

刘庆柱,1943年生于天津市,研究领域主要为中国古代都城考古学、帝王陵墓考古学和秦汉考古学。

伍利推算历史——吾珥古城

吾珥古城位于幼发拉底河河岸，由传说中的苏美尔人创建，大约在公元前2300年时，吾珥发展到了它的顶峰，面积达到250英亩，有两个港口进行航运业务。

伍利为了发掘吾珥古城，花费了4年时间做准备工作。当他带领训练有素的工人们开始发掘时，很快就发掘出了很多墓穴。这些墓穴有两种，一种是长方形的井穴，一种是具有拱顶的室形墓穴。经过确认，伍利认为井穴是普通平民墓葬，由石块或砖头砌成的室形墓穴则是皇族的坟墓。

在墓地的发掘工作持续了4年，先后共发掘了1 850座坟墓，其中有16座是王室成员的坟冢。这些坟墓大多数在千年前就被盗墓贼光顾过，所以剩下的陪葬珍品不多。这样一来，要想确定墓穴的年代就变得困难了。

幸运的是，当伍利和同事们发掘到离地面大约10公尺深的地层时，发现了两座没有被盗的王陵。这两座陵墓中有一个是女王舒伯·亚德的，在墓室中，

除了女王棺材架的一头一尾各有一具女性的尸骨之外，两旁还并排躺着两行女性的尸骨，而在其中一排女性尸骨的最后，还有一具男性的尸骨。所有女性尸骨都戴着精巧的金头饰，这表明她们生前极有可能是伺候女王的宫女；而在那具男性尸骨的臂骨中还紧紧搂着已经断裂的、装饰着黄金与天青石的乐器，显然，他曾经是一位宫廷乐师。

对于活人殉葬的现象，发掘人员展开了热烈讨论，有人说："活人殉葬的历史并不遥远，这座古墓的年代也不久。"有人说："我们从来没有在关于吾珥古城的文献看到过活人殉葬的说法，难道这里不是吾珥古城的遗址？"

伍利经过仔细思考，否定了众人的疑问，他说："已知的铭文中没有一处提到过类似的殉葬，这正说明在雕刻铭文的时候，这种仪式已经消失了，当时的人们已经不知道古人还用这种方式殉葬。也就是说，吾珥王陵的历史远远早于历史记载，它实在是太古老了。"

事情真的像伍利推测的那样吗？要想证实自己的推测，当然需要充分的证据和数据。伍利首先对吾珥古城的年代进行了确定，他运用地层学原理，对遗址从地表逐层进行了耐心检查，结果得到了当代定居者的第一批证据。然后，他制订了一个关于吾珥古城的时间表，大约在公元前5500年，吾珥已成为幼发拉底河河岸上史前时期人民的聚居地；公元前4000年，吾珥被建造成为苏美尔人的城市之一。其后，在不同民族居住期间，吾珥也经历了不同的发展变化。公元前400年，由于当地干旱，居民不断外迁，吾珥逐渐被风沙掩埋。

了解了吾珥古城的历史，伍利就可以确认古墓的年代。他结合古墓中出土的各种文物，一一确定每个古墓的年代，从而为吾珥古城的研究提供了更多有用的资料。1934年，伍利结束了在吾珥古城的考古工作，至此，关于史前人类的古城吾珥也已经较为全面地展现在世人面前。

伍利的发现全面揭开了吾珥古城的面貌。人们看到，大约在公元前2300年时，吾珥发展到了它的顶峰，面积达到250英亩，有两个港口进行航运业务。城中的中心由城墙围绕着，墙内有热格拉提斯（一种人工堆成的小山），还有最宏大和最重要的寺庙和皇家宫殿，在这个核心地区和城市外围的城墙之间有一个繁杂和拥挤的小区，其中群集着一些建筑物和狭窄的步行小街，在这儿住着众多的面包师、金首饰商和教士祭师等。吾珥拿姆还制订出了已知的世界上最古老的法典。

徐　仁（1910～1992年），出生于安徽芜湖。致力于植物学和古植物学研究近60年，在植物形态学和解剖学、古植物学及孢粉学等方面都做出了重大贡献。

国外考古发现

刻在石柱上的法律——
汉谟拉比法典

汉谟拉比法典雕刻在高 2.25 米，底部圆周长 1.9 米，顶部圆周长 1.65 米的石碑上。整部法典分为序言、正文和结语三部分。

1901 年 12 月，法国人和伊朗人组成了一支考古队，在伊朗西南部一个名叫苏撒的古城旧址上进行发掘工作。苏撒是一座 5 000 年前的古代都城，也是今天伊朗迪兹富尔西南的苏撒盆地一个强大的奴隶制国家埃兰的首都。

这天，一位队员正在挥锹挖土，突然发现土里埋着一块黑色玄武石。他好奇地拿起石头左右观看，看到上面既有楔形文字，还有些残留的雕像，便赶紧将它交到考古学家手里。

过了几天，队员们又发掘出两块黑色玄武石。这时，有人发现"这三块石块应该是一个整体，应该把它们拼合起来。"

于是，大家把三块玄武石拼到一起，他们惊讶地看到，三块石块恰好是一个椭圆形的石碑。石碑分为上下两段，上段刻着精致的浮雕：古巴比伦人崇拜的太阳神沙马什端坐在宝座上，巴比伦国王汉谟拉比恭谨地站在他的面前，沙马什正在将一把象征帝王权力标志的权标，授予汉谟拉比；下半段刻着楔形文字书写的文章，其中有少数文字已被磨光。

望着石碑,考古队员们十分不解,不知道这是一件什么遗物。他们了解关于苏撒的历史,似乎其中没有提到这样的石碑。幸好考古队中有人懂得楔形文字,他们经过仔细辨认,诧异地说:"这块石碑不是苏撒的,它来自古巴比伦。"

这一说法使队员们大吃一惊,他们不明白为什么巴比伦的石碑来到了苏撒?这块石碑究竟有着怎样的价值呢?

很快,通过对石碑内容的研究,人们找到了问题的答案。原来,这块石碑就是传说中著名的"汉谟拉比法典",也是世界上最早的一部比较系统的法典。古巴比伦王国位于幼发拉底河和底格里斯河流域,大体相当于今天的伊拉克,公元前1792年,汉谟拉比成为古巴比伦国王。汉谟拉比是一位很有才干的国王,他勤于朝政,关心农业、商业和畜牧业的发展,他也关心税收,处理各种案件。在位期间,每天要处理的申诉案件非常多,他简直有些应付不了。有一天,他就让臣下把过去的一些法律条文收集起来,再加上社会上已形成的习惯,编成了一部法典。汉谟拉比命令把法典刻在石柱上,竖立在巴比伦马都克大神殿里。

公元前1163年,埃兰人攻占了巴比伦之后,便把刻着汉谟拉比法典的石柱作为战利品带回到了苏撒。埃兰王国后来被波斯灭亡。公元前6世纪时,波斯帝国国王大流士上台后,又把波斯帝国的首都定在苏撒。这个石柱法典便又落到了波斯人手中。

了解了石碑的秘密和来历,队员们非常激动,他们为这个了不起的发现而相互庆祝。石碑法典的发现也成为考古史上最伟大的发现之一。

国外考古发现

雕刻着"汉谟拉比法典"的石碑高 2.25 米，底部圆周长 1.9 米，顶部圆周长 1.65 米。上面雕刻着国王汉谟拉比接受太阳神授予权力的塑像，还有完整的法典条文。

汉谟拉比法典分为序言、正文和结语三部分。正文共有 282 条，刻在圆柱上共 52 栏 4 000 行，约 8 000 字。其中包括诉讼手续、盗窃处理、租佃、雇佣、商业高利贷和债务、婚姻、遗产继承、奴隶地位等条文。汉谟拉比法典比较全面地反映了当时的社会情况。

圆柱发掘出来的时候，正面 7 栏（35 条）已经损坏，其余的基本完整。上面的字迹优美，是一种只有王室才使用的楔形字体。正是依靠这部法典，汉谟拉比时代的巴比伦社会，成为古代东方奴隶制国家中，统治最严密的国家。

圆柱上被涂毁的 7 栏文字，可以根据后来发现的汉谟拉比法典的泥版文书进行校补。所以，"石柱法典"仍是世界上现存的一部最古老最完整的法典。

叶大庆（约公元 1180～1230 年），南宋考古学家，字荣甫，龙泉人氏。上自六经诸史，下逮当朝名家著述，无所不谙，并以词赋知名于时。其《考古质疑》一书，内容涉及历朝史实、典章制度、文字训诂、诗词文章，而以考证史实为多。

安纳托利亚高地上的废墟
——赫梯人

安纳托利亚高地上的巴卡科依废墟遗址是世界上已知的远古文明之一，可以追溯到公元前7000年甚至更早。

1834年，法国人特克思尔来到了爱琴海东边的安纳托利亚半岛（今土耳其境内）。他是一个建筑师、艺术家，也是一个文物古董商，来此的目的是寻找那些希腊和罗马历史里曾经有过记载的地方。

历经千辛万苦，特克思尔到达了安纳托利亚的北部中心地区，来到了一个叫做巴卡科依的小村。当地居民听说他寻找废墟遗址，马上告诉他："村后的山边就有一座。"

特克思尔很高兴，让村民带他前去考察。当他来到废墟旁边时，立刻被眼前废墟的规模和宏伟震惊了。整个废墟占地大约300英亩，部分城墙依然挺立着，其中两条宽大的马路十分显眼，一条有一对石狮守卫，另一条路旁守候着一个石刻的狮身人面像。这一切远远超过了特克思尔的想象，让他有些不知所措。

然而，令他更为吃惊的还在后头，就在这片废墟附近，还有更神奇的废墟遗址。他在村民带领下沿着一条山道朝东北方向走去，一个小时后，他们来到了一片高大的石灰岩山头前。石灰岩山头上有深深的天然裂缝，顺着这些裂缝进去，里面竟是巨大的房屋！

特克思尔在房屋中慢慢观察,看到高大的石墙上刻着几十个男男女女的图像,他们神态高贵,举止大方,应该不是普通人。这时,村民们告诉他:"我们把这个地方叫做亚塞尼卡亚。""亚塞尼卡亚"的意思是"有雕刻的岩石"。看来,他们并不知道这些图像人物的身份,也不知道这些房屋的来历。

凭借着渊博的知识,特克思尔断定,废墟遗址绝不是罗马人留下的。因为这里的建筑跟罗马帝国时期的建筑毫无关系。那么,究竟是什么人在巴卡科依和亚塞尼亚卡创建了这些建筑,留下了这些遗址呢?特克思尔没有找到答案。但是,他把自己的发现公之于众,留待后人研究。

经过多位学者努力,1887年,来自千里之外的埃及的楔形文字陶碑,成为解读这两座废墟遗址的钥匙。陶碑是公元前14世纪埃及法拉阿克亨利的记录,其中多处提到汉梯人,即赫梯人,而且这些陶碑中有两块用了一种无人知道的文字书写,这种文字与在巴卡科依和亚塞尼亚卡发现的文字相同。这一发现自然将古埃及文明和在巴卡科依修建城堡的那个文明联想在一起,也就是说,巴卡科依废墟遗址可能是人们寻找了多年的赫梯人的首都。

1906年,德国学者温克勒在巴卡科依发掘出了刻着埃及法老拉美西斯二世和赫梯国王赫土斯里于公元前1270年签署的和平协议的陶碑。从而证实了两者之间的联系,证实了巴卡科依废墟遗址就是赫梯首都。后来,学者们发掘出更多刻着赫梯文字的陶碑,并成功破译了赫梯人的文字,对这个古老的民族和国度有了更深、更新的认识和了解。

从这些陶碑里,我们可以大约知道赫梯人的来龙去脉。安纳托利亚高地上的废墟遗址是世界上已知的远古文明之一,可以追溯到公元前7000年甚至更早。公元前1950年,巴卡科依废墟遗址上就已经矗立起城堡和定居点了,他的居民称之为汉梯息,意为汉梯人的土地。公元前18世纪晚期,汉梯人和另一支迁徙而来的好战部落之间发生了战争,汉梯息在战火中被毁灭。

然而一个世纪的时间不到,新来民族中的一支就重建了汉梯息,并重新命名为汉梯沙,使它成为自己的首府。这个落部的领袖把自己的名字改为汉梯沙里,意为"汉梯沙的国王",这就是赫梯王国的开始,他的臣民被称为赫梯人。与最初的汉梯人不同,赫梯人喜爱征战,他们很快将自己的国土扩展到了安纳托利亚中部的大部分地区。

赫梯人在冶铁方面颇具名气,汉梯沙城堡里出土过高质量的铁制工具、武器和盔甲,而赫梯人打击敌人最有效的武器是战车。赫梯人的社会被严格地分成了几个等级,法律相当严厉,也非常公正。

郎树德,北京市人。1980年起主持大地湾遗址的发掘、保护和研究工作,主持并完成了《大地湾遗址发掘报告》的编写,发表专著《甘肃彩陶》(与贾建威合著)以及学术论文20余篇。

死人之丘——
摩亨佐·达罗城遗址

摩亨佐·达罗古城位于印度河右岸，从公元前 3000 年到公元前 1750 年青铜器时代，这里是一座世界名城。

1922年，几名印度勘察队员路过巴基斯坦信德省的拉尔卡纳县南部。这里是信德沙漠的边缘地带，白天狂风沙尘呼叫，夜晚寒风习习。一眼望去，黄沙漫天遍地，一片荒芜，凄凉无比。因此，当地人把这里叫做"死人之丘"。

在死人之丘上有一处废墟，这是一座半圆形佛塔建筑。多少年来，它默默地伫立在风沙之中，没有人知道它的过去和未来。

当勘察队员在信德沙漠边缘徘徊时，他们看到了佛塔的废墟，信步走进其中。在废墟，队员们找到了几块石制印章，印章上刻着动物图形和一些奇怪的文字。队员们左看右看,不明白这些文字写的是什么。最后,他们带着印章走出废墟,走出信德,回到了印度。后来,他们把这次发现写成文字发表出去。于是,佛塔废墟引起了考古界的兴趣。

随后的日子里,世界各国的许多考古学家、历史学家、人种学家和古文字学家相继来到这里,他们不停地工作着,不但发掘出了大批石制印章、陶器、青铜器皿,还发掘出了古城遗址。其中既有高大的城墙、宽阔的街道,还有整齐的房屋、先进的排水系统等。

挖掘成果显示,这里曾是一座繁华的古城。学者们经过研究,确定这座消失的城市就是举世闻名的摩亨佐·达罗,是古印度河文明古城之一。在进一步考古发掘中,关于摩亨佐·达罗的历史和文化也逐渐大白于天下。

摩亨佐·达罗位于印度河右岸,和尼罗河一样宽阔古老的印度河,不仅灌溉着这里的千里沃野,也孕育了人间的文明。从公元前3000年到公元前1750年青铜器时代,这里是一座世界名城。这个城市的居民叫"达罗毗荼人",他们懂得种植棉花并用棉花织布,他们创造了结构独特的文字,还发明了相当精密的度量衡方法,建立了高度发达的城市经济,而且广泛地和其他各文明民族进行着贸易往来。

后来,由于过度地放牧和种植,破坏了生态平衡,使得植被稀疏,表土裸露,在强烈的阳光照射下,其水份迅速蒸发,然后随风吹蚀,最后终于使这里沦为一片沙洲,成为死人之丘。

摩亨佐·达罗的发现具有重要意义,它证明包括现在印度和巴基斯坦的古印度也和埃及、巴比伦、中国一样,是人类文明的摇篮。

发掘出的摩亨佐·达罗城遗址显示,这里街道大部分是东西向和南北向的直路,成平行排列,或直角相交。主要街道宽达10米,下面有排水道,用拱形砖砌成,形成了一个独特的排水系统。古城遗址中最突出的一个建筑物就是一个大澡堂,这座大澡堂是首次见于历史的一种现象。

在摩亨佐·达罗古城遗址里还发现了大量石制印章,在这些印章上刻有牛、鱼和树木的图形文字,很像古埃及的象形文字和苏美尔人的楔形文字,它不仅是一种雕刻技艺精湛的工艺品,更是人类古文明最珍贵的文献资料。遗憾的是,这些"天书"至今还没有被人们识读。曾经有一位东欧学者说,他已读通了125个这种文字,并认为摩亨佐·达罗文字已由图画文字演进到了带有表音性质的文字。

李星学,湖南郴县人,古植物学家和地层学家。长期从事地质古生物研究,以研究古植物学及非海生物地层学见长,主要著作有《华北月门沟系植物化石》《中国晚古生代陆相地层》《华南大羽羊齿类生殖器官的发现》等。

痴迷绘画的德农——古埃及

古埃及是四大文明古国之一，几个世纪以来，考古学家们一直致力于埃及古文明的探索，并试图解开富有神秘色彩的古埃及传说。

说起埃及考古，有一个人不得不提，他就是多米尼格·维万·德农。维万·德农见多识广，深谙艺术，谈吐幽默而颇具机锋，而且还有着过人的绘画和文学才能。他曾经在作家伏尔泰家里创作了著名的油画《弗尔尼的早餐》。而他在同时期创作的素描《崇拜牧羊人》，更是使他一举成为法兰西的院士。

拿破仑远征埃及时，德农作为学者随行前往，开始了他人生中的一次重要旅行。

当拿破仑带领队伍到达埃及，站在金字塔下时，曾经对着士兵们说过这样一句话："四千年的历史正在注视着你。"这句话无疑给学者们带来一个重要信息，这就是发现古埃及的历史和文明。

果然，学者们被埃及古老神奇的文化深深吸引了，他们考察金字塔，解读象形文字，还有人发掘遗址，无不希望在这次旅行中有重要收获。

聪明的德农当然不会错过这一良机，他挥舞手中画笔，不停地绘画着所见到的奇观，把一个活生生的埃及展现在现代世界的面前。当时，他隶属德赛将军的部队，沙漠中气候恶劣，条件艰苦，很多年纪轻轻的战士都有些吃不消，不免发出抱怨之词。可是德农这位一贯出入高级社交场合的绅士却毫不在乎，已经51岁的他望着漠漠黄沙，激动地说："这里的一切太神奇了，我不能不画下它们来。"

在行军途中,每天天刚亮,德农就走出帐篷作画,无论行军、宿营都坚持绘画不辍,饿了就简单地吃些东西,身边一直放着素描本。有时候,为了有更多时间画下景观,德农常常策马急驰,不顾危险地跑到队伍前面。可到了第二天,当队伍走过去后,发现德农一人落在了最后,原来他还沉浸在绘画中,试图画出最准确精致的画作。

有一次,德农正在聚精会神地绘画,突然听到报警的号声,战斗在他身边打响了。德农看到战士们向敌军开火,忙挥动手中画本为他们加油打气。他挥动了一会,发现这是一个很好的画面,于是不顾子弹在耳边飞舞,放下画本作起画来。

德农在考察过程中自然接触到了埃及象形文字,他对这种文字一窍不通,但他把看到的一切全部画下来。而且,他凭着敏锐的观察力看出这种文字的不同形式,因此他的画作十分形象逼真。在埃及期间,他不停奔波着,从撒哈拉到丹德拉,从丹德拉到古底比斯,他画下了阶梯形金字塔,画下了金字塔的巨大残骸,还在100个城门的废墟之间不停地画着。

就在这时,部队开拔的命令下来了,德农好不生气,他一边骂着,一边吩咐士兵帮他清除一尊雕像头上的泥壳。补给车来了,部队必须全部离去了,德农坐在车上,直到车开动了,还一直埋头画着、画着……

最终,法军离开埃及回到国内。这次行军,法国不但取得了军事上的胜利,更是带回关于埃及的无数珍贵资料。这些资料中,德农的画稿无疑占有不可替代的地位。后来,第一本关于埃及考古的名著《埃及记述》就是根据这些画稿写出的一部系统化的科学著作。

对于德农在埃及的巨大成就,有人曾经这样说:"拿破仑用刺刀征服了埃及,但他的占领期只有短短的一年;德农却是用画笔征服了这个法老的祖国,并且永远占领了它。"

古埃及是四大文明古国之一,几个世纪以来,考古学家们一直致力于埃及古文明的探索,并试图解开富有神秘色彩的古埃及传说。如今,除了金字塔之外,关于古代埃及的考古发现已经越来越多。

1922年,考古学家发现了帝王谷中最著名的图坦卡门陵墓,随后展开了深入研究和分析。2006年3月,考古学家宣称在红海沿岸附近发掘出古埃及造船厂以及世界上最古老的船,考古学家在考古遗址发现诸如木板和船只货物箱的残骸,经分析埃及航海历史至少应有4 000年。2007年7月,科学家又声称在底比斯发掘出土的木乃伊戴有迄今为止最早的假肢。

从德农到今天的考古学家,还不断有人在发掘着这片神奇的土地。尽管有了很多的发现,但依然有更多的谜题等待我们去发掘,直到今天,埃及还是人们眼中最神秘也最吸引人的一块考古圣地。

成恩元(1917~1989年),四川文水人。考古学家,著名文物收藏家、钱币学家、集邮家。对岩墓、石窟艺术、陶瓷、古钱币、书画、棋艺均有较深的研究,多次参加了考古发掘和调查,著有《敦煌写本》、《经笺证》等。

城墙倒塌之谜——耶利哥城

耶利哥城位于约旦高地南边，低于死海海平面约 250 米。该处最古老的居住遗迹大约是公元前 9000 年时留下的。

《圣经》中记载着这样一个故事：耶利哥城守护着迦南的门户，城墙又高又厚，守军高大壮健，是古代极强大的堡垒。犹太人围城数日，无法攻克城池。后来，他们围城行走 7 日，然后共同吹起号角，结果，上帝以神力震毁城墙，犹太军乘机而入，攻入迦南。

数千年来，这个故事在犹太人之间传颂着。那么，这究竟是历史事实还是神话故事呢？

1907 年，德国两位考古学家 Sellin 和 Watzinger 来到了耶利哥城下，揭开了发掘耶利哥城的序幕。两年后，他们挖出了耶利哥城的两重城墙。这两重城墙相隔 10～12 英尺，内城墙厚达 12 英尺，外城墙高 25～30 英尺，厚 6 英尺，真是厚重坚固，难以攻破。然而，城墙还是倒塌了，它们是犹太人借助上帝的神力摧毁的吗？

Sellin 和 Watzinger 在城墙下考察了很久，但当时考古界还没有熟悉铜器时代的防御设计，不能确定城墙在整个防御工事中的运作，因此也就很难断定城墙到底是如何倒塌的。结果，两位考古家只好离去了。

时光飞逝，转眼间到了 1930 年，英国人加斯唐在前人发掘的基础上，带领考古队来到了耶利哥城墙下。他们用了 6 年时间，发掘出了更多的城墙遗址，发现了一个奇怪的现象：两城墙之间充满碎砖石，而且有大火烧毁的痕迹；另外，城墙的倒塌很有意思，外城墙向外倒塌，内城墙却向内倒塌，这可是奇异的事情。因为通常情况下，如果是地震等自然原因造成的倒塌，城墙应向外倒，如果是敌人从外部攻城，城墙应往内倒。就是说，一般情况下，不会出现这种城墙一面向外，一面向内倒塌的情况。真是令人不可思议。

加斯唐经过分析鉴定，认为城墙倒塌的时间在公元前 1400 年，也就是与犹太人出埃及的时代吻合。他的这一论断说明耶利哥城墙的倒塌正是《圣经》中描述的故事，是犹太人摧毁了耶利哥城墙。

然而，这一论断没有持续多久就被推翻了。1952 年，又一位英国人凯里扬再次带领考古队来到耶利哥发掘古城。他经过考察研究后，认为加斯唐的论断缺少证据，从耶利哥城墙废墟中找不到证据证明它倒塌于公元前 1400 年。他带领考古队也在这里考察了 6 年，最终得出一个结论，认为耶利哥城墙毁于公元前 1550 年，它的倒塌与犹太人无关。

两种考察结果到底哪个正确呢？其实，这两个结果都缺乏充足的证据，因此考古界一直争论不休。

到了 1980 年代，问题有了突破性进展。1970 年，中东考古学家胡特考察发掘了耶利哥城，她得到了一批新的出土资料，批判了凯里扬的结论。可惜她不久就去世了，而其后发掘出的陶器鉴定显示时间为公元前 1400 年前后。这一结论与当年加斯唐根据耶利哥城发掘的甲虫型雕推测的年代一致。

至此，耶利哥城的发掘取得了较大进展，人们根据历代考古学家的研究成果发现，原来耶利哥城比 5 000 年前在幼发拉底河与底格里斯河之间的苏默各城还早 4 000 年。这座城市又叫棕树城，位于苏丹山下。清澈的苏丹泉养育了这方先民。他们从新石器时代就在此居住生活,历经兴衰更迭,创建了耶利哥城。本来,这座厚重坚固的城墙是足以抵制外来入侵的。可是,由于城墙建造在岩石上,由于某种原因,它塌陷了。目前,塌陷之说是关于耶利哥城墙倒塌的最主要论断。

耶利哥城位于约旦高地南边,低于死海海平面约250米。该处最古老的居住遗迹大约是公元前9000年时留下的。

从当地的考古研究结果可看出,人类从四处漂泊的打猎生活逐渐过渡到定居生活的痕迹。早在公元前8000年左右,耶利哥城就建造起了城墙和巨大的堡垒。这就是叙利亚—巴勒斯坦地区,或许也是全世界最古老的城市。

公元前50世纪到40世纪,无情的大自然严重打击了耶利哥城,但城市幸运地存活下来,而且在公元前30世纪时重新兴旺起来,并一直持续到大约公元前1600年。公元前1550年,一支埃及军队摧毁该城,从这之后的150年间,这里就是一座死城。

公元前1400年,耶利哥城重又生还过来,成了一座不设驻防的乡村小镇。当乔舒亚的军队在大约200年后到来时,这里依旧保持着原貌。

卢衍豪,生于1913年,福建永定人,地层古生物学家。从20世纪30年代起致力于寒武纪地层研究,先后取得重要成就。著有92万字的《华中—西南奥陶纪三叶虫动物群》。

永不熄灭的灯火——古墓长明灯

长久以来,世界各地都流传着古墓不灭之灯的传说,人们称之为"古墓长明灯"。

17世纪的时候,一位叫杜·普瑞兹的瑞士士兵在法国的格勒诺布尔偶然发现了一个古墓。他很想探知古墓的秘密,从中获取金银财宝。于是,他不顾危险,想尽办法进入了古墓里面。古墓内部终年不见天日,应该漆黑一团。可是,普瑞兹来到的古墓里面却十分光亮,他十分惊奇,顺着光线望去,竟然看到了一盏正在燃烧的玻璃灯。这让他又惊又喜,一时不知道该如何是好。

慢慢地,普瑞兹平静了心情,走过去端起玻璃灯,打算用它照明寻找宝物。可惜的是,他搜遍了古墓的角角落落,却一点值钱的东西也没有发现。带着些许懊丧之情,普瑞兹端着玻璃灯出了古墓,并来到附近的修道院。他觉得这盏灯十分奇异,自己又无法携带,就把它送给了修道院的僧侣。

当僧侣们看到玻璃灯时,一个个惊得目瞪口呆,他们认为,这盏灯至少已经燃烧了千年。因此,它们极其小心地珍藏起了玻璃灯,像保存宝贝一样保存着它。令人惋惜的是,几个月后,一位老年僧侣不小心把玻璃灯碰掉在地上,把它摔碎了。

与这件事相似的故事还有很多。在英格兰,人们曾经打开过这样一个坟墓:打开坟墓的人看到坟墓拱顶上悬挂着一盏灯,照亮了整个坟墓,他就上前去取灯。他走了几步,就觉得地板的一部分随着他的走动在颤动。突然,一个身

着盔甲、原本固定的雕像开始移动，举着手中的某种武器，移动到灯附近，伸出手中的武器击毁了这盏灯。这个宝贵的灯就这样被毁坏了。

而在公元1534年，英国国王亨利八世的军队冲进了英国教堂，解散了宗教团体，挖掘和抢劫了许多坟墓。他们在约克郡挖掘罗马皇帝康斯坦丁之父的坟墓时，也发现了一盏还在燃烧的灯，康斯坦丁之父死于公元300年，这意味着这盏灯燃烧了1 200年！

长久以来，世界各地都流传着古墓不灭之灯的传说，人们称之为"古墓长明灯"。考古记录显示，这种古庙灯光或古墓灯光的现象出现在印度、中国、埃及、希腊、南美、北美等许多拥有古老文明的国家和地区，就连意大利、英国、爱尔兰和法国等地也出现过。

那么，我们的祖先如何发明这些永不熄灭的灯？它们又是因何长久不灭呢？

根据古埃及、希腊和罗马等地的风俗，死亡的人也需要灯光驱逐黑暗，照亮道路。因此，在坟墓被密封前，习惯于放一盏灯在里面。而富贵荣华之家就要奢侈一些，放上一盏不熄的灯，永远为死者照亮。千百年以后，当这些坟墓的拱顶被打开时，挖掘者发现里面的灯还在燃烧着。

永不熄灭的灯很自然成为学术界争论的话题。一部分人认为，世界各国有关长明灯的记录足以让人肯定，确实存在这样一种不熄的灯，或者长久燃烧的灯，只是技术失传，中世纪时期的大部分有识之士认为，确实存在这种不熄的灯，并且认为这种灯具有某种魔力。另一部分人则认为，虽然有那么多有关长明灯的记录，但现实中并没有一盏长明灯摆在众目睽睽之下，而且这种灯的能源问题严重违背能量守恒定律，因此这种不熄的灯应该不存在。至此，关于长明灯依然是一个谜，无人能够成功破解它的秘密。

莫维斯，哈佛大学人类学家。20世纪30~40年代，他带领了考察团到东南亚考察，提出莫氏线理论。

千年前的血腥屠杀
——丹漠洞遗址

丹漠洞遗址位于爱尔兰的基尔肯尼郡,其中埋藏着上千人的遗骨,还有无数财宝。

据说,公元 928 年,一群挪威海盗来到了爱尔兰,他们疯狂洗劫了基尔肯尼一带。为了逃避海盗的杀害,居住在丹漠洞附近的居民一起躲进了丹漠洞中。进入洞中的居民们以为洞里地形复杂,有很多的洞穴,藏身于此应该不会被发现。谁知道因为丹漠洞的洞口太过明显,海盗们顺着足迹很快便找了过来,或许是因为没有得到满足,海盗们展开了一场血腥的大屠杀。他们进入洞中,将所有能找到的人都杀害了,之后更是故意守在洞口半个月之久,让那些侥幸没被发现的居民活活饿死在了山洞里,死亡人数估计有一千多人。

此后近千年的时间里,丹漠洞成了爱尔兰有名的"地狱入口",这血腥的传

说让人们纷纷止步，没有一个人敢靠近。直到 1940 年，一群考古学家开始了对丹漠洞的考察，希望能够证实海盗洗劫的传闻。很快他们就在一个小洞穴里发现了 44 具骸骨，检测发现，这些骸骨多半属于妇女和老人，甚至还有未出世的胎儿。至此，有关丹漠洞的传闻得到了证实。1973 年，这里被定为爱尔兰国家博物馆，每年都有无数人来纪念这些惨遭屠杀的人。

1999 年的冬天，丹漠洞因为是旅游淡季即将关闭，一位导游准备进行最后的清理，因为丹漠洞要关闭一段时间，所以他特地去了平时不会去的洞穴进行清扫。在其中的一个小洞里，他忽然发现洞壁上有块绿色的东西，他走过去细看，想要清理它，却惊讶地发现这是洞壁的裂缝中发出的闪烁的绿光。好奇的导游将手伸进裂缝，他发现自己触摸到了一个凉凉的东西，当他把这个东西拖出来一看，居然是个银镯子，而那绿光，其实是上面镶嵌着的华贵的绿宝石。

导游立刻将镯子交给了博物馆，博物馆也马上展开了发掘。在三个月的时间里，他们总共挖出了几千枚古钱币，一些银条、金条和首饰，另外还有几百枚银制纽扣。

究竟是谁把这么多财物收藏在这里呢？专家们推断，这应该就是当年逃入丹漠洞的居民们携带的财物。大概是为了安全，他们将所有的财物都收集起来藏入了这个洞壁当中，打算等灾难过去了再来取回，而海盗们很可能正是因为没有搜寻到令他们满意的财宝，一怒之下才杀了所有人。

丹漠洞的故事划上了句号，那些被杀害的灵魂已经进入了天堂，只有这些宝藏还安静地躺在爱尔兰国家博物馆中，纪念着那一段遥远血腥的往事。

丹漠洞遗址位于爱尔兰的基尔肯尼郡，是一个巨大的溶洞，有连串的小洞穴一一相连。公元 928 年，挪威海盗杀死了藏身其间的 1 000 多人。因为记录了这次惨无人道的大屠杀,丹漠洞被称为爱尔兰最黑暗的地方。

1999年,人们从丹漠洞中发现了财宝,从而掀开了一座宝藏的发掘史,其中有一些工艺品造型十分独特,至今还没有发现过相类似的文物,因此极具考古价值。如今,丹漠洞遗址宝藏作为爱尔兰最重要的宝藏,被收藏在国家博物馆,一直没有完全对外展示过。

张忠培,1934年生于长沙市。知名的文博考古专家。曾主持过元君庙仰韶墓地等重要遗址的大规模考古发掘工作。出版了《中国北方考古论集》、《元君庙仰韶墓地》等专著。

最后一次发掘出的奇迹
——图坦卡门陵墓

图坦卡门陵墓是 3 300 年以来惟一一个完好无缺的法老陵墓,也是埃及最豪华的陵寝,更是埃及考古史乃至世界考古史上最伟大的发现。

霍华德·卡特是一位考古学家,他致力于考察早期文明的废墟和研究人类文明史,尤其沉醉于古埃及研究。在研究古埃及过程中,他对一位法老产生了浓厚兴趣,这就是图坦卡门法老。图坦卡门 9 岁登基,19 岁去世,是一位标准的娃娃国王,但他短暂的一生充满了浪漫故事,据说陪葬物品价值连城。所以,卡特梦想着有朝一日能够搜寻到图坦卡门陵墓,进行发掘考古。

搜寻古墓需要经费支持,卡特在独自艰难地搜寻了 9 年之际,幸运地结识了卡拉旺爵士。此人是一位富有的英国人,他对于图坦卡门也是情有独钟,渴望能够搜寻到他的安息地。于是,他答应为卡特提供经费,支持他搜寻古墓。

令人沮丧的是,搜寻工作很不顺利,6 年过去了,卡特找遍了埃及帝王的陵墓,在好几处地方发掘过,却始终没有找到小国王的陵墓。6 年的等待让卡拉旺爵士失去了耐心,他打算不再继续支持卡特了。

卡特看出了卡拉旺爵士的心思,1922 年,他又一次发现了一处古墓遗址,请求卡拉旺爵士提供经费进行发掘。卡拉旺爵士说:"我已经为你提供了 6 年经费,可是毫无效果。我不能再这么耗下去了,这是我最后一次为你提供经费。"

卡特什么也没说,15 年来,他奔波各地,辛苦地搜寻古墓,他早已将生命与古墓联系在一起。他不知道失去经费后，自己的下一步该如何打算。

不管怎样，必须要进行完这次发掘，卡特怀着及其沉重的心情多次在古墓周围考察。11月26日，他决定带着人员进行实地发掘。黄昏时分，卡特和卡拉旺爵士以及其他人员来到古墓旁边。此时，夕阳西沉，余辉遍洒，到处呈现金色闪烁之气派，确是一副晚照美景。

可是，卡特哪有心思欣赏落日的辉煌，他沉默地沿着一条阶梯往下走。这是3 000多年前开凿出来的石阶，能够通到帝王谷底。石阶只有16级，卡特很快走到谷底，前面是一条长达27英尺的通道，走过这条通道，前面就是那座古墓了。

卡特默默地走过通道，来到刻有古埃及法老皇室标志的密封洞口前。他看到洞口有曾被启封开动过的痕迹，这让他心里一颤。他多么希望这座洞口后面就是图坦卡门的陵墓，可是他又特别担心，唯恐发现的又是一座被人洗劫一空的空墓。

怀着复杂的心情，卡特举起锤子和凿子在石门上敲打着。他双手颤抖，似乎无法胜任手中的工作，这对于一位从事考古几十年的人来说，真是莫大的悲哀。这时，身后狭窄的石头通道里，站着卡拉旺和女儿，以及卡特的助手，他们目不转睛地注视着他，默默无言地期待着。

终于，卡特在石膏门上凿开一个小洞，他点着蜡烛，慢慢举起来往洞里瞧。一段时间之后，他的眼睛适应了洞中的光亮，里面的一切慢慢地显露出来，他惊奇地看到，里面满是形态各异的雕塑，到处都是黄金，金光闪闪烁烁，眩目至极。

卡特目瞪口呆，趴在洞口好半天没有回转身。卡拉旺爵士等待不下去了，他问道："看见什么啦？"

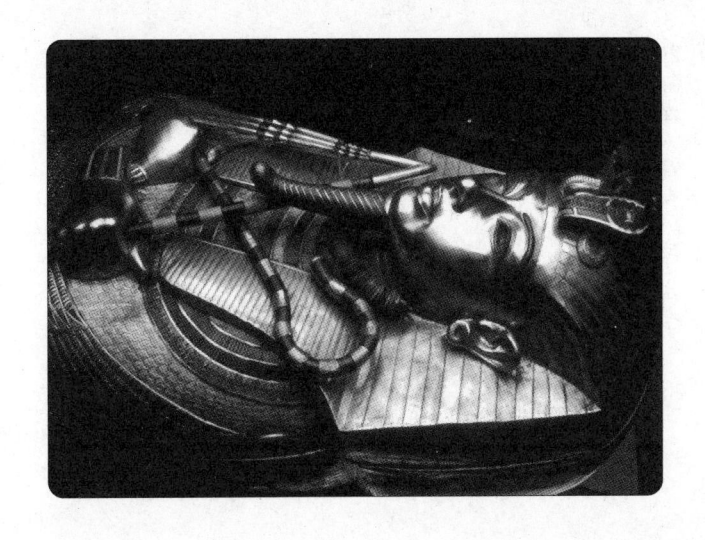

"是的,惊人的发现。"卡特以一种自己都无法形容的语气回答道,他觉得自己如同做梦一样,简直不知道该如何做才好了。

就这样,卡特发现了图坦卡门之墓,一座几千年来未被人触及的法老陵墓,经过发掘,一共出土了5 000件精美文物。

历时漫长,耗资巨大的这次发现也成为考古史上最富轰动效应的发现之一。从此之后,辉煌的考古发掘时代结束了,考古学进入了成熟的新阶段。

图坦卡门是埃及第18王朝的法老,他的陵墓位于埃及著名的帝王谷内。帝王谷坐落于离底比斯遗址不远处的一片荒无人烟的石灰岩峡谷中。这里在开罗以南700公里,尼罗河西岸岸边7公里,与卢克索等现代化城市隔河相望。

从公元前1570年开始,古埃及法老喜欢在帝王谷开凿自己的墓室,并且修建柱廊和神庙。他们一般将墓穴入口开在半山腰,有细小通道通向墓穴深处;在信道两壁,往往雕刻着图案和象形文字。

到公元前1090年,历代法老先后建造了60多座帝王陵墓,埋葬着埃及第

17王朝到第20王朝期间的64位法老,其中有著名的法老图特摩斯三世、阿蒙霍特普二世、塞提一世、拉美西斯二世等。

石兴邦,生于1923年,陕西省耀县人,中国现代考古学家。长期从事田野考古,先后在河南、陕西、北京、山西等地进行发掘并曾主持工作。著有《半坡氏族公社》等著作。